Low Carb
High Fat
TO GO

Isabell Heßmann

Fotos Grossmann.Schuerle

Low Carb High Fat

To Go

Schlank & glücklich

90 Rezepte für unterwegs

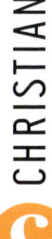

CHRISTIAN

INHALT

VORWORT

Mal eine Frage unter uns: Wie geht es Ihnen mit Ihrer Ernährung? Fühlen Sie sich wohl? Haben Sie eine Figur, mit der Sie zufrieden sind? Und sind Sie den ganzen Tag über fit und leistungsfähig? Viele Menschen klagen darüber, dass sie nachmittags in ein Tief fallen und sie der Heißhunger auf Süßes überkommt. Dass sie sich über den Tag aufgebläht und müde fühlen. Dass sie gerne abnehmen möchten, es ihnen trotz verschiedener Diäten aber bisher nicht erfolgreich und vor allem dauerhaft gelungen ist. Und dass sich das Kochen von gesunden Mahlzeiten nicht mit ihrem stressigen Alltag vereinbaren lässt.

Ich kenne diese Probleme auch. Aber ich habe vor einiger Zeit eine Ernährungsweise entdeckt, die tatsächlich hilft. Die satt macht, die viel Energie schenkt und mit der man abnehmen bzw. sein Gewicht halten kann – je nach dem, was das persönliche Ziel ist. Zudem ist sie wunderbar alltagstauglich – selbst wenn sie häufig unterwegs essen möchten. Dieses Ernährungskonzept heißt LCHF (Low Carb High Fat). Konkret bedeutet dies, wenig Kohlenhydrate, aber viel Fett aufzunehmen.

Viel Fett? Das soll eine Ernährungsform sein, mit der man abnehmen kann? Wurde uns nicht jahrzehntelang gepredigt, dass wir uns fettarm ernähren sollen, um Gewicht zu verlieren und gesund zu leben?

Als ich diesen Ansatz zum ersten Mal hörte, war auch ich als Ernährungswissenschaftlerin zunächst skeptisch. Doch ich beschäftigte mich mit der Theorie, kochte und aß – besser gesagt genoss – täglich danach. Das Resultat: LCHF überzeugte mich. Fett ist der Nährstoff, der am besten und längsten sättigt. Viel besser als Kohlenhydrate, die den Blutzuckerspiegel Achterbahn fahren lassen können. Und deswegen können Sie mit viel Fett auch wirklich effektiv und dauerhaft abnehmen.

Natürlich ist es nicht so, dass man mit LCHF den ganzen Tag über ausschließlich Fett isst. Und die Kohlenhydrate werden auch nicht gänzlich aus der Ernährung verbannt. Beides ist weder sinnvoll noch gesund, noch lecker. Die Basic-Lebensmittel sind die verschiedensten Gemüsesorten, darüber hinaus nach Wunsch Fleisch, Geflügel, Fisch und Milchprodukte. Auch Nüsse, Beeren und – hurra! – dunkle Schokolade gehören zu LCHF. Aus diesen tollen Zutaten lässt sich eine Vielzahl an köstlichen Gerichten zubereiten. Ich kann Ihnen versichern: Mir fehlt bei den Mahlzeiten nichts, sie machen rundum happy.

Sie haben Lust, gleich loszulegen, aber Sorge, dass sich LCHF nicht mit Ihrem Alltag vereinbaren lässt? Weil Ihr Mittagessen häufig im Büro, an der Uni oder in der Bahn verspeist werden soll? Für die Lösung dieses Pro-

blems halten Sie genau das richtige Buch in den Händen. Hier haben Sie die passenden To-go-Gerichte, die sich super mitnehmen lassen, die auch unterwegs richtig gut schmecken und satt machen. Alle Rezepte in diesem Buch sind getestet, verkostet und für absolut köstlich befunden worden.

In den skandinavischen Ländern ist LCHF bereits seit einigen Jahren ein großer Erfolg, es ist eines der populärsten Ernährungsmodelle überhaupt. Die dänische Buch-Autorin und Bloggerin Jane Faerber hat bereits zwei Bücher darüber geschrieben, dieses Buch reiht sich in ihre Serie ein und fußt auf denselben Grundlagen.

Ich hoffe, ich konnte Ihren Appetit wecken. Ihren Appetit auf ein lang anhaltendes Sättigungsgefühl, mehr Energie, gute Mahlzeiten, Freude am Essen und bei Bedarf gesundes Abnehmen.

Ihre *Isabell Hofmann*

WAS IST LCHF?

LCHF ist eine Abkürzung und steht entsprechend der Anfangsbuchstaben für Low Carb High Fat, zu deutsch „wenig Kohlenhydrate viel Fett". Und das sagt schon viel über diese Ernährungsform aus. Bei einer LCHF-geprägten Kost wird unser täglicher Energiebedarf zum größten Anteil aus natürlichen Fetten und nur zu einem geringen Anteil aus Kohlenhydraten gedeckt.

NATUR PUR

LCHF basiert auf natürlichen, ursprünglichen Lebensmitteln. Zusatzstoffe (E-Nummern), Farbstoffe, künstliche Fette und andere chemische Zutaten, deren Namen man kaum aussprechen kann, sollten möglichst nicht auf dem Teller landen. Bei LCHF gilt also: frisch kochen aus guten Lebensmitteln statt Fertigprodukte und stark verarbeitete Produkte.

WAS ISST MAN BEI LCHF?

Sie dürfen sich schon mal freuen: Denn die Lebensmittel, die den Schwerpunkt der LCHF-Ernährung ausmachen, sind richtig lecker. Aus ihnen lassen sich herrliche Gerichte zaubern, die satt und glücklich machen.

DIE BASIC-LEBENSMITTEL

GEMÜSE

Bei Gemüse dürfen Sie nach Herzenslust zuschlagen. Fast alle LCHF-Rezepte enthalten Gemüse, in der Regel sogar richtig viel Gemüse. Deshalb finden Sie in diesem Buch auch viele LCHF-Veggie- und sogar Vegan-Rezepte. Ideal sind Gemüsesorten, die über der Erde wachsen wie Tomaten, Kohl, Salat, Paprika, Fenchel, Staudensellerie, Zucchini oder Auberginen. Eine strikte LCHF-Ernährung schließt Wurzelgemüse wie Karotten, Rote Bete oder Knollensellerie aus, da es recht viel Stärke enthält. Dieses Buch verfolgt eine LCHF-liberale Ernährung, die Wurzelgemüse in Maßen in die Rezepte integriert.

FLEISCH, GEFLÜGEL UND FISCH

Fleisch, Geflügel und Fisch sind wesentliche Zutaten der LCHF-Küche, die regelmäßig auf dem Teller landen können, aber nicht täglich müssen. Manche denken, dass man bei LCHF täglich große Mengen Fleisch (und damit auch Protein) essen muss. Das stimmt nicht! Das trifft eher auf die Paleo-Ernährung bzw. Steinzeit-Ernährung zu, die zwar ebenfalls eine Low-Carb-Kost ist, aber einen anderen Fokus setzt. Bei LCHF wird der Verzicht auf Kohlenhydrate nicht mit einer erhöhten Proteinmenge kompensiert, sondern durch eine erhöhte Menge Fett. Deshalb können Sie bei LCHF sehr gerne auch fette Fleischstücke, den Fettrand vom Fleisch und die Haut vom Hähnchen mitessen, wenn Sie das mögen. Empfehlenswert ist Fleisch aus artgerechter Haltung, von weidegefütterten Rindern und Schafen sowie freilaufenden Schweinen und Hühnern. Zum einen hat es eine bessere Fettsäurezusammensetzung (siehe Extra-Kasten S. 16), zum anderen wird hier der Tierschutz groß geschrieben.

EIER

Diese dürfen täglich auf dem Speiseplan stehen. Eier sind eine regelrechte „Zauberzutat" der LCHF-Küche, da sich daraus viele tolle Gerichte zubereiten lassen. Gerade beim Backen sind Eier sehr wichtig, weil sie – in Abwesenheit von Weizenmehl und den damit verbundenen Klebereigenschaften des Glutens – für Bindung und Lockerheit im Gebäck sorgen. Am besten Bio-Eier von freilaufenden Hühnern wählen, sie sind eine sehr gute Quelle für die herzgesunden Omega-3-Fettsäuren.

STREICH- UND BRATFETTE

Butter, Kokosöl und Olivenöl sind die wichtigsten Basics. Butter und Kokosöl vertragen hohe Temperaturen und sind daher fürs Braten perfekt. Das gilt auch für Butterschmalz und Ghee (geklärte Butter; stammt aus der ayurvedischen Küche). Kalt gepresstes Olivenöl lieber nicht hoch erhitzen, sondern eher für die kalte Küche einsetzen. Für geschmackliche Abwechslung und positive Gesundheitseffekte sorgen Leinöl, Rapsöl und Nussöle. Margarine und Mischprodukte kommen in der LCHF-Küche nicht vor.

LCHF-LIEBLING KOKOSÖL

Neben Butter zählt auch Kokosöl zu den wichtigsten Fetten der LCHF-Küche (nicht zu verwechseln mit dem Kokos-Plattenfett aus dem Supermarkt). Die hier enthaltenen gesättigten Fettsäuren haben noch eine Besonderheit: Es handelt sich zu 90 Prozent um mittelkettige Fettsäuren oder MCT (engl.: „medium chain triglycerides"). Ihr Vorteil: Sie stehen dem Körper als sofortige Energiequelle zur Verfügung, weil sie im Gegensatz zu langkettigen Fettsäuren besonders schnell gespalten und abgebaut werden können und dafür keine Enzyme der Bauchspeicheldrüse benötigt werden. Insgesamt bedeutet das bei der Verstoffwechslung viel weniger Stress für den Körper.

Hervorzuheben ist bei Kokosöl auch der hohe Gehalt an Laurinsäure. Sie soll die Konzentration des gefäßschützenden HDL-Cholesterins im Blut erhöhen und zudem bakterien- und pilzhemmend wirken. Am besten ist natives Kokosöl, welches kaltgepresst und naturbelassen ist.

MILCHPRODUKTE

Greifen Sie zu den fetten Milchprodukten; je höher die Fettstufe, desto besser: Doppelrahm-Frischkäse, Crème fraîche, vollfette Sahne, griechischer Joghurt. Die Magermilch-Varianten dürfen Sie links liegen lassen. Warum? Sie enthalten relativ

GUTE FETTE, SCHLECHTE FETTE – WAS WIRKLICH DAHINTERSTECKT

Jahrzehntelang wurde Butter als ungesundes Fett bezeichnet, da sie viele sogenannte gesättigte Fettsäuren enthält. Dies trifft auf viele Fette tierischen Ursprungs zu und ebenso auf Kokosöl. Eine gesättigte Fettsäure ist eine Fettsäure, bei der ausschließlich Einfachbindungen zwischen den Atomen der Kohlenstoffkette liegen. Gesättigte Fettsäuren standen im Verdacht, die Blutfettwerte bzw. den Cholesterinspiegel zu erhöhen und somit Herz und Gefäßen zu schaden. Neue Studien über Low-Carb-Diäten weisen auf das Gegenteil hin: Man fand heraus, dass gesättigte Fettsäuren keine Erhöhung des Blutcholesterins verursachten und ihre Aufnahme sogar mit einem verringerten Risiko für Herz-Kreislauf-Erkrankungen einherging. Auch Blutfettwerte, Blutzuckerwert, Blutdruck und Bauchumfang verringerten sich bei den Studienteilnehmern, während die Werte für das „gute" HDL-Cholesterin anstiegen.

FAZIT Es ist ein Irrglaube, dass gesättigte Fette per se schlecht sind. Vielmehr können sie sogar gesundheitsfördernde Effekte haben.

viel Milchzucker (Laktose). Ein Blick auf die Zutatenliste ist eine gute Orientierung: Ist der Fettgehalt höher als der Proteingehalt? Gut! Ist der Fettgehalt höher als Proteingehalt und Kohlenhydratgehalt zusammen? Perfekt!

OBST

Obst enthält grundsätzlich recht viel Fruchtzucker, daher sollten Sie dieses nur in kleinen Mengen in den Speiseplan aufnehmen. Beeren sind eine gute Wahl, da sie verhältnismäßig wenig Fruchtzucker aufweisen. Auch andere heimische Früchte wie Äpfel, Birnen oder Zwetschgen sind besser geeignet als tropische Früchte wie Banane, Ananas oder Mango.

NÜSSE

Nüsse sind zwar sehr gesund, aber auch relativ kohlenhydratreich, diese daher nur in Maßen verzehren. Da die verschiedenen Nusssorten sich in Fett- und Nährstoffzusammensetzung unterscheiden, sollten Sie möglichst variieren.

DIE TABU-LEBENSMITTEL

Tabu-Lebensmittel klingt hart. Aber es gibt tatsächlich bestimmte Lebensmittel, die in der „Low Carb High Fat"-Küche nicht vorkommen sollten, da sie von ihrer Zusammensetzung nicht mit der angestrebten LCHF-Nährstoffverteilung einhergehen.

GETREIDE, REIS UND KARTOFFELN

Getreide und daraus gewonnene Mehle enthalten viele Kohlenhydrate, ebenso Produkte aus Mehl wie Brot, Nudeln, Müsli und

OMEGA-6- UND OMEGA-3-FETTSÄUREN – WORAUF ES ANKOMMT

Omega-6- und Omega-3-Fettsäuren gehören zu den mehrfach ungesättigten Fettsäuren und gelten als sehr gesund. Sie sind unbestritten wichtig für Herz, Gefäße, Gehirn, Augen und den Aufbau der Zellmembranen. Beide Typen werden von weitgehend denselben Enzymen zu Botenstoffen mit hormonellen Eigenschaften weiterverarbeitet. Die Botenstoffe aus Omega-6-Fettsäuren fördern Entzündungen, jene aus Omega-3-Fettsäuren hemmen sie. Wissenschaftler bringen solche Entzündungen mit Krankheiten wie Übergewicht, Insulinresistenz, Herz-Kreislauf-Problemen und sogar Krebs in Verbindung. Da die beiden Fettsäure-Typen im Körper um die gleichen Stoffwechselwege konkurrieren, ist es wichtig, das Verhältnis der aufgenommenen Omega-6- und Omega-3-Fettsäuren zu optimieren. Gut ist ein Verhältnis von 5:1, perfekt wäre 3:1 oder gar 2:1 Doch wie erreicht man

ein solches? Die Antwort ist: durch eine geschickte Auswahl an Lebensmitteln. Eine ideale Relation von 2:1 bis 3:1 haben Fisch (vor allem wild gefangene, fette Fische wie Heringe, Makrelen oder Sardinen) und Wild, Geflügel sowie Eier. Bei den Fetten punktet natives Olivenöl mit einem Verhältnis von 8:1, Walnussöl mit 6:1, Rapsöl mit 2:1 und Leinöl mit 1:4 (!). Sonnenblumenöl ist nicht empfehlenswert, da das Verhältnis hier bei 120:1 liegt. Getreide weist ein Verhältnis von 10:1 und mehr auf (Weizen: 14:1).

TIPP Auch beim Konsum von Fleisch und Milchprodukten kann man etwas für sein Omega-6-/Omega-3-Konto tun. Das Verhältnis von Omega-6- zu Omega-3-Fettsäuren ist bei weidegefütterten Tieren nämlich besser als bei konventionell gehaltenen. Das ist in deren Fleisch und Milch feststellbar. Es lohnt sich also, beim Einkauf auf Bio-Qualität zu achten.

DIE LCHF-LEBENSMITTELPYRAMIDE

Ganz unten sind die Lebensmittel auf-
geführt, die die Basis-Lebensmittel der
LCHF-Ernährung darstellen. Aus diesen
sollte Ihre Ernährung hauptsächlich
bestehen – insbesondere dann, wenn
Sie Gewicht verlieren möchten.
Die Produkte im oberen Bereich der
Pyramide gehören zu einer LCHF-
liberalen Ernährung, da sie Genuss-
mittel sind bzw. recht viele Kohlenhydrate enthalten.

Nüsse
Beeren
LCHF-Brot
LCHF-Desserts
Dunkle Schokolade

Schlagsahne   Käse
Crème fraîche (38 % Fett)
Griechischer Joghurt (10 % Fett)
Fleisch   Geflügel   Wild
Fisch   Eier   Kokoscreme

Kokosöl   Butter   Olivenöl   Leinöl
Nussöle   Rapsöl   Fischöl   Avocado-Öl

Blumenkohl   Spitzkohl   Weißkohl   Rotkohl
Grünkohl   Brokkoli   Paprika   Tomaten   Fenchel
Gurke   Zucchini   Auberginen   Grüne Bohnen
Etwas Wurzelgemüse   Salate   Kräuter

Cerealien. Ähnlich verhält es sich auch mit
Reis und Kartoffeln und natürlich allen Produkten daraus wie Chips, Püree und Pommes
frites. Auch die jeweiligen Vollkornvarianten
wie Vollkornreis, Vollkornnudeln oder Voll-
kornbrot sind sehr kohlenhydratreich und
daher in der LCHF-Küche nicht vorgesehen.

ZUCKER
Zucker ist in unendlich vielen Produkten
enthalten, und das nicht nur in den allseits
bekannten „Zuckerbomben" wie Gummi-
bärchen, Kuchen, Torten und Eiscreme.
Er steckt auch häufig in Fruchtsäften und
Energydrinks. Und hätten Sie gedacht, dass
Zucker auch in Fertigdressings, herzhaften
Salaten (z. B. Kraut- oder Waldorfsalat),
Broten oder Fruchtjoghurts stecken kann?
Tatsächlich strotzen viele Fertiggerichte und
industriell hoch verarbeitete Lebensmittel
nur so vor Zucker, denn Zucker konserviert
und pusht den Geschmack. Selbst kochen
und backen lohnt also auf jeden Fall. Die
Rezepte in diesem Buch kommen fast gänz-
lich ohne Zucker aus, und sie schmecken
aromatisch und natürlich. Sie werden
Zucker nicht vermissen!

LIGHTPRODUKTE UND SÜSSSTOFFE
Lightprodukte enthalten zwar oft weniger
Kohlenhydrate als die klassische Variante,
aber häufig künstliche Süßstoffe (z. B. Aspar-
tam) und allerlei andere Zusatzstoffe, die in
einer auf natürliche und ursprüngliche Lebensmittel ausgerichteten Ernährungsweise
wie LCHF nicht vorkommen sollten.

FETTE SCHLECHTER QUALITÄT
Meiden Sie Margarine und Produkte mit
vielen Transfettsäuren (können in Fertig-
pizza, Fertiggebäck und Eiscreme stecken).
Transfettsäuren können das „schlechte"
LDL-Cholesterin im Blut erhöhen und das
„gute" HDL senken – ein Risikofaktor für
Herz-Kreislauf-Erkrankungen. Auch Öle mit
hohem Gehalt an Omega-6-Fettsäuren wie
Sonnenblumenöl, Maisöl, Sojaöl, Distelöl und
Traubenkernöl sollten reduziert werden.

LCHF VERSUS DGE-EMPFEHLUNGEN

Die LCHF-Lebensmittelpyramide unterscheidet sich in einigen Produktgruppen deutlich von den Ernährungsempfehlungen der Deutschen Gesellschaft für Ernährung (DGE). Die DGE setzt auf eine vollwertige Mischkost und empfiehlt, mehr als 50 Prozent der Energiezufuhr durch Kohlenhydrate zu decken und etwa 30 Prozent durch Fett. Fett und fettreiche Lebensmittel sollten nach Empfehlung der DGE selten verzehrt werden. Bei Milchprodukten wie Käse oder Joghurt ist auf fettarme Varianten zurückzugreifen, ebenso bei Fleisch und Wurst. Maximal drei Eier pro Woche sollten verzehrt werden – inklusive der in anderen Produkten wie Nudeln verarbeiteten Eier.

Die DGE-Empfehlungen haben sich seit den 1950er-Jahren praktisch nicht verändert, die Lebensumstände der Bevölkerung allerdings drastisch. Mitte des letzten Jahrhunderts waren Nahrungsmittel knapp und die körperliche Aktivität in Beruf und Freizeit hoch. Die Menschen waren überwiegend schlank oder sogar dünn. Heute ist das Angebot an Lebensmitteln schier überbordend, die körperliche Aktivität ist dagegen gering, die meisten von uns gehen einer sitzenden Tätigkeit nach. Aktuelle Zahlen belegen, dass in Deutschland rund 70 Prozent der Männer und 50 Prozent der Frauen übergewichtig sind, jeder fünfte Deutsche ist sogar fettsüchtig. Mit dem Übergewicht steigt das Risiko für Krankheiten wie Typ-2-Diabetes, Bluthochdruck und die Gefahr, einen Herzinfarkt zu erleiden.

Wobei wir gar nicht so weit gehen müssen. Viele Menschen haben tagtäglich Probleme mit ihrem Körper und fühlen sich darin nicht wohl. Sie leiden unter Heißhungerattacken, haben einen aufgeblähten Bauch oder schlafen schlecht. Natürlich kann man die Gründe für solche Probleme nicht ausschließlich in der Ernährung suchen, dennoch kann es sich lohnen, die tägliche Kost mal genauer unter die Lupe zu nehmen. Viele beschreiben ihren typischen Ernährungsplan wie folgt: morgens ein, zwei Frühstücksbrötchen mit Marmelade oder Honig, mittags Spaghetti Bolognese oder mal eben ein Sandwich oder Baguette auf die Hand, zum Kaffee ein Stück Kuchen gegen das Nachmittagstief und zum Abendessen belegte Brote. Auffällig daran ist der extrem hohe Kohlenhydratanteil mit viel Brot und Nudeln.

WIE FUNKTIONIERT LCHF?

Es ist unglaublich spannend zu erkennen, wie die aufgenommenen Nährstoffe im Körper wirken und wie die Dinge zusammenhängen. Grundsätzlich gibt es drei Hauptnährstoffe, die sogenannten Makronährstoffe: Kohlenhydrate, Eiweiß und Fett. Aus ihnen setzen sich die Lebensmittel im Wesentlichen zusammen.

WIE WIRKEN KOHLENHYDRATE?

Kohlenhydrate nehmen wir meist in Form von Brot, Nudeln, Kartoffeln, aber auch von Obst und Süßigkeiten auf. Die Lebensmittel gelangen in den Verdauungstrakt und werden dort verstoffwechselt, also in ihre Kleinstbestandteile zerlegt. Am Ende werden aus Kohlenhydraten Zuckermoleküle. Diese wandern ins Blut und erhöhen so den Blutzuckerspiegel. Ganz natürlich wird als Antwort des Körpers nun von der Bauchspeicheldrüse Insulin ausgeschüttet. Es sorgt dafür, dass die Zuckermoleküle aus dem Blut in die Zellen geschleust werden. Sind die Zellen allerdings irgendwann gefüllt, beginnt die Misere: Denn das Zuviel an Zucker wird in Fett umgewandelt: Fettpölsterchen entstehen. Hat das Insulin seine Arbeit erledigt, sinkt der Blutzuckerspiegel in den Keller. Und das häufig so drastisch, dass Heißhunger auf schnell verfügbaren Zucker die Folge ist. Gummibärchen und Schokoriegel – wo seid ihr?

WIE WIRKT EIWEISS?

Eiweiß bzw. Proteine sind der wichtigste Baustein des Körpers, zum Beispiel für Muskeln oder Enzyme. Eiweiß in der Nahrung wirkt fast gar nicht direkt auf den Blutzuckerspiegel und hilft dabei, lang anhaltend satt zu sein. Deswegen sollte Eiweiß auch Bestandteil jeder LCHF-Mahlzeit sein. Gute Eiweißquellen sind Fleisch, Geflügel, Fisch und Eier. Auch Milchprodukte sind proteinreich, enthalten aber häufig auch viele Kohlenhydrate.

WIE WIRKT FETT?

Fett ist wahrscheinlich der meistdiskutierte Makronährstoff der letzten Jahrzehnte. Fett hat einen schlechten Ruf und wurde verflucht, verdammt, verteufelt. Lange galt der Leitspruch „Fett macht fett". Klingt ja auch irgendwie logisch. Und die Leitlinien der DGE fußen immer noch auf dieser Grundlage. Vor allem die sogenannten gesättigten Fette, die zum Beispiel in Butter und Kokosöl enthalten sind, galt es zu meiden. Sie sollen die Menge an unerwünschtem, „schlechtem" Cholesterin (LDL-Cholesterin) in die Höhe klettern lassen und damit Herz-Kreislauf-Probleme mit sich bringen.

Langsam dreht sich die Vorstellung jedoch. Aktuelle Studien kamen zu dem Ergebnis, dass das Gegenteil zutrifft und gesättigte Fettsäuren für Herz und Gefäße durchaus gesund sein können (vgl. dazu auch Extra-Kasten auf S. 15).

Fakt ist, dass Fette ganz allgemein wichtige Baustoffe, Isoliermaterial und bedeutende Signalsubstanzen für das Gehirn und alle Nervenzellen sind. Und last but not least: Gutes Fett macht richtig lange satt, liefert konstante Energie, verhindert Heißhungerattacken und kann deswegen beim Abnehmen helfen.

ABNEHMEN MIT LCHF

Auf das Wissen um die Wirkung der Makronährstoffe bauen sich die Grundpfeiler der LCHF-Ernährung auf. LCHF arbeitet MIT den Stoffwechselvorgängen des Körpers, nicht GEGEN diese. Wenn wir viel Fett und wenig Kohlenhydrate essen, stehen dem Körper nicht mehr die Kohlenhydrate als Hauptenergiequelle zur Verfügung. Er schaltet nun auf

Fettverbrennung um. Auf Stoffwechselebene bedeutet das, dass Fettsäuren in der Leber zu Ketonkörpern umgewandelt werden, die Gehirn und Körper anstelle von Zucker als Brennstoff verwenden können. Das Argument, dass der Körper ohne Zucker nicht arbeiten und das Gehirn ohne Zucker nicht denken könne, ist falsch. Der Körper ist so clever, dass er sich Glukose selbst aus Fett herstellen kann. Parallel schmelzen die eigenen Fettdepots, was sich nach und nach auch im Gewicht und im Körperumfang widerspiegeln wird. Und das Beste: Sie nehmen ohne Hunger ab und sind den ganzen Tag über fit und leistungsfähig!

MÜDIGKEIT? ZWEIFEL? HUNGER? – ALLER ANFANG IST SCHWER

Die ersten ein bis zwei Wochen benötigt der Körper, um seinen Stoffwechsel umzustellen. Nicht selten kommt es in dieser Zeit zu Begleiterscheinungen wie Müdigkeit oder Kopfweh. Auch schlechte Laune oder ein gesteigerter Appetit auf Kuchen und Co. sind möglich. Das ist völlig normal und vergeht recht schnell. Bleiben Sie am Ball!

Wenn Sie bei der LCHF-Ernährung auch nach der Eingewöhnungsphase häufig hungrig sind oder das Gefühl haben, nicht genug Energie zu haben, nehmen Sie vermutlich zu wenig Fett auf. Es mag zunächst befremdlich erscheinen, viel Fett zu essen – insbesondere, wenn man abnehmen möchte. Schließlich hat man doch jahrzehntelang stets gelesen und gehört, dass man seinen Fettkonsum reduzieren solle, um lästige Kilos zu verlieren. Wagen Sie es, den Schalter in Ihrem Kopf umzulegen, und lassen Sie sich auf LCHF ein. Dank der fettreichen, kohlenhydratarmen LCHF-Kost werden Sie letztlich über den Tag und die Woche gesehen weniger essen, weil Sie nun über einen längeren Zeitraum satt und zufrieden sind. Und das macht schlank!

STRIKT VERSUS LIBERAL

Je strikter Sie die LCHF-Leitlinien einhalten, desto schneller und effektiver werden die Pfunde purzeln.

Dieses Buch beinhaltet sowohl strikte als auch liberale Rezepte. Der Erfahrung nach lässt sich die LCHF-Ernährung besser langfristig in den Alltag integrieren, wenn sie weniger restriktiv gelebt wird. Denn LCHF ist keine Diät, die man mal zwei Wochen machen sollte. LCHF hat das Zeug dazu, dass Sie zeitlebens danach essen werden und dies auch gerne tun, weil es Ihnen schmeckt und gut tut.

KEIN KALORIENZÄHLEN

Wenn Sie Diäterfahrungen haben, werden Sie vermutlich schon mal Kalorien gezählt haben. Hier gibt es keine Kalorienkontrolle, und deshalb finden Sie in diesem Buch auch keine Nährwertangaben unter den Rezepten. Es geht darum, dass Sie essen, bis Sie satt sind – oder anders gesagt, bis Sie nicht mehr hungrig sind. Die Portionsangaben bei den Rezepten sind grobe Richtwerte, die

den Erfahrungen entsprechen. Es kann gut sein, dass Sie mal mehr, mal weniger davon als Portion essen werden. Hören Sie auf

DIE LCHF-VORTEILE IM ÜBERBLICK

- Abnehmen ohne Hunger
- Kein Jo-Jo-Effekt
- Weniger Heißhunger
- Bessere Appetitregulierung
- Mehr Energie über den Tag
- Keine Mangelernährung
- Weniger Blähbauch
- Besserer Schlaf
- Geringere Anfälligkeit für diverse Zivilisationskrankheiten

STRIKT	LIBERAL
Brokkoli/Blumenkohl	Wurzelgemüse
Beeren	Obst
Gemüsebrot	Brot aus Nüssen und Kernen
Omelett oder Rührei zum Frühstück	Joghurt mit Nussmüsli zum Frühstück
Kaffee oder Tee mit Kokosöl	Smoothies
Mayonnaise-Dressing oder Buttersauce	Crème-fraîche-Dressing oder Sahnesauce
Wenige Stücke dunkle Schokolade	LCHF-Kuchen und -Desserts
Käsewürfel und Oliven als Snack	Nüsse als Snack

Ihren Magen, lernen Sie wieder, Ihrem Körper zu vertrauen. Keine Sorge, Sie werden spüren, wann Sie satt und zufrieden sind. Dafür sorgt eine fettreiche Kost viel mehr als eine kohlenhydratreiche und fettarme Ernährung.

TO-GO-TIPPS

LCHF UNTERWEGS – EIN PROBLEM?
LCHF ist eine Ernährungsform für den Alltag, fürs Leben sozusagen. Sie soll gut handhabbar sein und nicht zu kompliziert. Und sie soll immer funktionieren – ob nun daheim oder unterwegs. Sich zu Hause LCHF-Mahlzeiten zu kochen, klappt für die meisten recht gut. Vielen fällt es aber schwer, sich unterwegs adäquat zu verpflegen. Die wenigsten sind tagsüber zu Hause und können sich mittags frisch etwas kochen. Häufig ist und isst man im Büro, an der Uni, auf dem Weg zu Terminen oder auf Reisen. Natürlich gibt es fast überall etwas zu essen: den Bäcker mit Brötchen und Teilchen, den Fast-Food-Stand mit Pommes frites und Chicken-Nuggets oder den Asia-Imbiss mit einer Reis- oder Nudelpfanne. Leider alles wenig LCHF-kompatibel. Wenn der kleine oder große Hunger kommt, ist es nicht leicht, den duftenden Speisen zu widerstehen oder lange nach LCHF-konformen Alternativen zu suchen.

LCHF UNTERWEGS – DIE LÖSUNG!
Deswegen ist dieses Buch entstanden. Hier kommen die passenden To-go-Gerichte, die sich super mitnehmen lassen, auch unterwegs richtig gut schmecken und satt machen. Viele Gerichte sind eine leckere „Resteverwertung". Das heißt, dass eventuelle Reste vom Abendessen des Vortags ohne viel Aufwand zu einem köstlichen Lunch umgebaut werden können. Keine Reste vorhanden? Auch kein Problem: Alle Rezepte können am Vorabend oder morgens schnell und einfach zubereitet werden. Viele der Rezepte schmecken kalt und lassen sich wirklich immer und überall verzehren. Wer zum Beispiel im Büro ist und die Möglichkeit hat, Speisen im Backofen oder der Mikrowelle zu erwärmen, wird auch dafür zahlreiche Anregungen in diesem Buch finden.

WAS ESSE ICH HEUTE?
Manchmal dauert die Entscheidung für ein Rezept länger als das eigentliche Vor- und Zubereiten der Gerichte. Kennen Sie das auch? Gerade bei umfangreichen Büchern neigt man leicht dazu, lange zu blättern, vieles appetitlich zu finden und trotzdem nur schwer zu einer Entscheidung zu kommen. Deshalb ist dieses Buch nach Jahreszeiten unterteilt. Das bedeutet, dass Sie für alle Monate eine leckere Vorauswahl an Rezepten finden, die saisonale Lebensmittel beinhalten und auch von der Art der Zubereitung perfekt in die jeweilige Jahreszeit passen.

So ist eine kalte Paprika-Kokos-Suppe mit Hähnchen eine erfrischende Mahlzeit an einem heißen Sommertag und ein scharfer Entenbrust-Wrap passt hervorragend in die kalte Jahreszeit.

Eine weitere Entscheidungshilfe sind die Icons, mit denen viele Rezepte bzw. Rezeptfotos versehen sind. Soll es heute besonders schnell gehen? Dann sind die „Turbo-Rezepte" die perfekte Wahl. Sie wünschen sich einen fleischlos glücklichen Tag? Dann achten Sie auf die Icons „Veggie" oder „Vegan". Wenn Fisch oder Fleisch vom Vortag übrig sind, bietet sich ein „Reste-Schatz" an. Bei diesen Rezepten wird nämlich alles, was übrig geblieben ist, zu einem köstlichen neuen Mahl. „Kalt und gut" kennzeichnet die Rezepte, die kalt gegessen werden. So sind Sie völlig unabhängig von Ofen und Mikrowelle. „One Pot only" bedeutet, dass für die Mitnahme dieses Gerichts nur ein einziges Gefäß nötig ist – unschlagbar unkompliziert! Zudem gibt noch das Icon „LCHF strikt". Hier werden fast nur LCHF-strikte Lebensmittel verwendet. Ideal für alle, bei denen das Abnehmen im Vordergrund stehen soll.

ÜBERSICHT DER ICONS

 Turbo-Rezept
(in 20–30 Minuten fertig)

 Veggie
(ohne Fleisch und Fisch)

 Vegan (komplett ohne Produkte tierischen Ursprungs)

 Reste-Schatz (Gerichte, die sich aus Übriggebliebenem zaubern lassen)

 Kalt und gut (Gerichte, die kalt gegessen werden)

 One Pot only (Gerichte, die in einem Gefäß mitgenommen werden können)

 LCHF-strikt (vor allem LCHF-strikte Lebensmittel – ideal zum Abnehmen)

GUT VERPACKT IST HALB GEWONNEN

Damit die Mahlzeiten auch unfallfrei transportiert werden können, ist eine gute Verpackung das A und O. Eine Möglichkeit sind auslaufsichere Plastik- oder Glasboxen,

DIE TOP-3-GERICHTE IN DEN BELIEBTESTEN RESTAURANTS

BEIM ITALIENER
1) Insalata Caprese: Mozzarella- und Tomatenscheiben mit Basilikum, Essig und Olivenöl
2) Saltimbocca: mit Parmaschinken und Salbei belegte und gebratene dünne Schnitzel
3) Vitello tonnato: hauchdünn aufgeschnittenes Kalbfleisch mit Thunfisch-Sauce und Kapern

BEIM GRIECHEN
1) Griechischer Salat: Salat, Gurken, Tomaten, schwarze Oliven, Feta und Olivenöl
2) Lammspieß mit Tsatsiki
3) Mit Käse überbackenes Hacksteak mit Auberginen-Knoblauch-Salat

BEIM ASIATEN / IM SUSHI-LADEN
1) Rindfleisch und Gemüse aus dem Wok mit Kokosmilch
2) Sashimi von Lachs und Thunfisch mit Wasabi-Mayonnaise
3) Geflügelgerichte wie Hähnchensaté mit Erdnusssauce oder Ente mit Asia-Gemüse

am besten in verschiedenen Größen und Formen. Alufolie ist keine ideale Lösung, zum einen aus ökologischen Gründen, zum anderen wegen möglicher Gesundheitsrisiken. Wenn nämlich Saures oder Salziges wie Sauerkraut, Rhabarber oder Tomaten in Alufolie eingepackt wird, kann toxisches Aluminium in die Lebensmittel übergehen. Eine umweltgerechte, gesundheitlich unbedenkliche und zudem sehr hübsche Verpackung sind Weck- oder Schraubgläser, die sich zum Beispiel perfekt für Salate, Tatars und Schichtspeisen eignen. Wer häufig Gerichte mitnehmen möchte, kann sich spezielle Lunchbox-Sets mit Dosen in unterschiedlichen Größen und integriertem Besteck anschaffen. Sie lassen sich ineinanderstecken und bieten Platz für verschiedene Komponenten der Mahlzeit. So kann man zum Beispiel Salat und Dressing zusammen und dennoch getrennt mitnehmen, frisch anmachen und direkt verzehren.

AUSWÄRTS ESSEN

Natürlich gibt es auch Situationen, in denen man nichts zum Essen mitnehmen kann oder will. Beispielsweise wenn man ins Restaurant geht, im Urlaub ist oder zum Essen eingeladen wird. Selbstverständlich sollen Sie auch solche Momente mit Ihrer LCHF-Ernährung genießen können – was sich in den allermeisten Fällen auch gut umsetzen lässt. Hier die besten Tipps dazu:

In fast allen **RESTAURANTS** gibt es leckere Gerichte, die LCHF-kompatibel sind. Halten Sie sich an Fleisch und Gemüse, dann sind Sie auf der sicheren Seite. Bei dem Gedanken an ein saftiges Steak mit zerlassener Kräuterbutter oder mit Käse überbackenes Gemüse läuft einem doch schon das Wasser im Munde zusammen, oder? Den bereitgestellten Brotkorb lassen Sie am besten links liegen. Die gesalzene Butter bzw. der Mayo-Dip sind hingegen kein Problem. Vielleicht können Sie ein paar Gemüsesticks dazu bestellen? Salate sind grundsätzlich auch eine gute Wahl. Cremige Saucen wie French oder Thousand Island Dressing sind prinzipiell ideal. Doch servieren manche Restaurants Fertig-Dressings, die Zucker, Zusatzstoffe oder Bindemittel enthalten. Kein Risiko gehen Sie mit Essig und Olivenöl ein.

Für den **URLAUB** sind die Empfehlungen ähnlich wie beim Restaurantbesuch. Häufig gibt es in größeren Hotels zum Frühstück und Abendessen ein Buffet. Morgens sind sämtliche Eierspeisen wie Omelett, Spiegelei oder Rührei eine perfekte Wahl, gerne kombiniert mit frischem Gemüse, Kräutern, Käse, Fisch, Speck, Fleisch oder einigen Nüssen und Samen. Beim abendlichen Buffet können Sie bei Fleisch- und Fischgerichten nach Herzenslust zugreifen. Bevorzugen Sie wie immer die fettreichen Sorten und kombinieren Sie Kräuterbutter oder reichhaltige Dips und Saucen dazu. Mit einer großen Portion Gemüse und/oder Salat haben Sie eine variierbare Basis, die lecker schmeckt und satt macht.

Wenn man privat bei Freunden oder der Familie **ZUM ESSEN EINGELADEN** ist, gibt es natürlich nicht die große Auswahl an Speisen wie im Restaurant oder am Buffet. Stehen Ihnen die Gastgeber nah, wissen diese vielleicht von Ihrer LCHF-Ernährung und respektieren diese. In diesem Fall essen Sie einfach die Komponenten des Essens, die LCHF-kompatibel sind, wie Fisch, Fleisch, Gemüse und Salat. Auch viele Suppen passen ins Konzept. Auf die kohlenhydratreichen Beilagen wie Kartoffeln, Nudeln oder Reis verzichten Sie. Was aber tun bei formelleren Terminen wie der Firmenweihnachtsfeier oder dem ersten Besuch bei den Schwiegereltern? Je nachdem, was für ein Typ Sie sind, können Sie Ihre Ernährungsweise einfach kurz erklären. Wer weiß, vielleicht ergibt sich daraus ein spannendes Gespräch und der eine oder andere entdeckt die LCHF-Methode auch für sich? Wenn Sie weniger Aufhebens machen möchten, ist es auch eine Möglichkeit ein klein wenig von allem zu essen. LCHF ist keine militante Ernährungsform und lässt eine gewisse Toleranz zu. Nur weil Sie normalerweise die Kohlenhydrate reduzieren, verliert Ihr Körper nicht die Fähigkeit, diese in besonderen Situationen zu sich zu nehmen und zu verstoffwechseln.

MIT KNACKIGEN SALATEN, FRISCHEN FRÜCHTEN UND FETTREICHEN TOPPINGS WIE MOHN UND OLIVEN LÄSST SICH DIE FRÜHJAHRSMÜDIGKEIT AUF KÖSTLICHE ART UND WEISE VERTREIBEN.

FRÜHLING

Endlich wird es draußen wieder etwas wärmer, die Natur erwacht, die Tage werden länger, das erste Grün sprießt. Viele starten jetzt in Haus und Wohnung mit dem großen Frühjahrsputz. Eine gute Idee, doch ein noch besseres Vorhaben ist es, Körper und Seele wieder in Schwung zu bringen, den Winterschlaf aus den müden Gliedern zu schütteln.

FRISCHE ENERGIE FÜR KÖRPER UND SEELE

Mit der richtigen Ernährung lassen sich die Zellen wieder mit frischer Energie fluten. Die LCHF-Ernährung wirkt also wie ein Frühjahrsputz von innen. Wenn Sie jetzt starten, werden Sie sich nach einigen Tagen der Eingewöhnung frisch, munter und definitiv fitter fühlen. Und Sie werden dank der Frühlings-Rezepte im folgenden Kapitel feststellen wie lecker Gerichte mit wenig Kohlenhydraten und viel Fett sind.

BUNTER SCHICHTSALAT

MIT CREMIGEM EI-DRESSING

Alle Schichten dieses bunten Salats bleiben schön knackig, da sie erst zum Verzehr mit dem sahnig-würzigen Dressing vermengt werden.

Für 2–3 Portionen

Für das Dressing
1 Ei (Größe L)
150 g griechischer Joghurt
1 EL Essig
1 Schuss Schlagsahne
¼ Bund Schnittlauch
Salz
frisch gemahlener weißer Pfeffer

Für den Salat
½ Eisbergsalat
2 Tomaten
¼ Salatgurke
6 Champignons
4 Scheiben gekochter Schinken
100 g Cheddar (alternativ Old
    Amsterdam oder mittelalter Gouda)

1) Das Ei in 10 Minuten hart kochen, abschrecken, abkühlen lassen, pellen und fein hacken. Den Joghurt mit Essig und Schlagsahne glatt verrühren. Den Schnittlauch waschen, trocken schütteln, in Röllchen schneiden und zusammen mit dem gehackten Ei unter das Dressing rühren. Das Dressing mit Salz und Pfeffer abschmecken.

2) Den Salat waschen, in Stücke zupfen und abtropfen lassen. Tomaten und Gurke waschen und in Scheiben schneiden, Champignons ebenfalls in Scheiben schneiden. Schinken in Stücke zupfen und den Käse reiben. Alle Zutaten im Wechsel dicht an dicht in verschließbare Gläser oder Dosen schichten und mit dem Ei-Dressing servieren.

TO-GO-TIPP Sie können das Ei-Dressing in einem separaten Gefäß mitnehmen oder als oberste Schicht auf den Salat geben. Salat und Sauce zum Verzehr entweder mit der Gabel mischen oder das verschlossene Gefäß kräftig schütteln. Auch so verteilt sich das Dressing prima.

PFANNKUCHEN-LASAGNE
MIT GRAVED LACHS UND AVOCADO

Der italienische Klassiker mal auf andere Art aus Pfannkuchenschichten und mit skandinavisch interpretierter Füllung.

Für 2–3 Portionen

Für den Pfannkuchenteig
90 g zimmerwarmer Doppelrahm-Frischkäse
3 Eier (Größe M)
25 g geriebener Parmesan
20 g Kokosmehl
1 Msp. Johannisbrotkernmehl
Butter zum Braten

Für die Senfsauce
150 g Crème fraîche
1–2 TL Senf
1 TL Zitronensaft
3 Stängel Dill
Salz
frisch gemahlener weißer Pfeffer

Für die Füllung
½ Gurke
1 große oder 2 kleine Avocados
2 EL Zitronensaft
150 g Feta
125 g Graved Lachs in Scheiben

1) Frischkäse, Eier und Parmesan mit dem Pürierstab zu einer glatten Masse pürieren. Kokosmehl und Johannisbrotkernmehl mischen, zu der Frischkäse-Eier-Masse geben und unterrühren. Eine beschichtete Pfanne erhitzen, mit Butter einpinseln und eine kleine Kelle Teig in die Mitte der Pfanne geben. Den Teig durch kreisende Bewegungen der Pfanne oder mithilfe eines gefetteten Spatels verteilen und etwa 2 Minuten braten, bis die Mitte des Pfannkuchens nicht mehr feucht und der Rand ein wenig braun geworden ist. Dann mit einem Pfannenwender umdrehen und in etwa 30 Sekunden fertig braten. Herausnehmen und mit dem übrigen Teig ebenso verfahren.

2) Crème fraîche, Senf und Zitronensaft glatt rühren. Dill waschen, trocken schütteln, Blättchen abzupfen und fein hacken, dann Dill unter die Creme rühren und mit Salz und Pfeffer abschmecken.

3) Die Gurke waschen und in dünne Scheiben schneiden oder hobeln. Avocado(s) halbieren, Stein herauslösen, Fruchtfleisch aus der Schale lösen und in kleine Würfel schneiden; diese sofort mit Zitronensaft beträufeln. Den Feta mit den Fingern zerbröseln.

4) Die Pfannkuchen auf Größe des Mitnahmegefäßes zuschneiden und abwechselnd mit Senfcreme, Gurkenscheiben, Avocadowürfeln, zerbröseltem Feta und Graved-Lachs-Scheiben einschichten, bis alle Zutaten verbraucht sind.

TO-GO-TIPP Die Pfannkuchen-Lasagne lässt sich komplett am Vorabend vorbereiten und direkt in eine größere oder mehrere kleine Plastikboxen zum Mitnehmen einschichten.

FRISCHER GEFLÜGELSALAT
ITALIAN STYLE

Für diesen Salat lässt sich wunderbar Hähnchenfleisch – gekocht oder auch gebraten – vom Vortag verwenden. So verkommt nichts und eine neue Mahlzeit ist im Nu fertig.

Für 2 Portionen

Für den Hähnchensalat
350 g fertig gekochtes oder
    gebratenes Hähnchenfilet
150 g Kirschtomaten
3 EL schwarze Oliven (ohne Stein)
50 g Rucola

Für das Dressing
5 EL Mayonnaise
3 EL Crème fraîche
1 TL Senf
1 Knoblauchzehe
½ Beet Kresse
Salz
frisch gemahlener weißer Pfeffer

Außerdem
2 Römersalatherzen

1) Das Hähnchenfleisch in Würfel schneiden oder in kleine Stücke zupfen. Die Tomaten waschen und halbieren oder vierteln, die Oliven in Scheiben schneiden. Den Rucola waschen, trocken schütteln und etwas kleiner schneiden.

2) Für das Dressing Mayonnaise, Crème fraîche und Senf glatt rühren. Den Knoblauch abziehen und fein hacken, die Kresse vom Beet schneiden und beides unter das Dressing rühren. Mit Salz und Pfeffer abschmecken und mit Fleisch, Oliven, Tomaten und Rucola mischen.

3) Die Blätter des Römersalats waschen und trocken tupfen, Geflügelsalat darin anrichten.

TO-GO-TIPP Geflügelsalat und Römersalatblätter separat mitnehmen und den Geflügelsalat erst zum Verzehr in die Römersalatblätter füllen.

TIPP Kein fertig gegartes Hähnchenfilet parat? Dann einfach frisch zubereiten. Entweder etwa 10 Minuten in kochendem Salzwasser garen oder in einer beschichteten Pfanne unter Wenden 5–6 Minuten braten. Auskühlen lassen. Danach, wie im Rezept beschrieben, weiterverwenden.

TO-GO-TIPP Der Burger lässt sich zu Hause fix und fertig zubereiten und mitnehmen. Wer es lieber mag und die Gelegenheit hat, kann die Fischfrikadelle vor dem Verzehr auch kurz erwärmen.

TIPP Damit es beim Zusammenbauen des Burgers schneller geht, können Sie sowohl die Frischfrikadelle als auch die Buns schon am Vorabend zubereiten. Und vielleicht ergibt eine frisch gebratene Fischfrikadelle zum Beispiel mit einem Gurkensalat und/oder Blumen-kohlpüree dann gleich ein leckeres Abendessen.

FISCHFRIKADELLEN-BURGER

MIT MATCHA-BUN

Klar, auch ein Burger lässt sich LCHF-konform umsetzen. Diese Variante besticht mit einem saftigen Fisch-Patty, der super-cremigen Dill-Curry-Sauce und dem quietschgrünen Matcha-Bun.

Für etwa 6 Burger

Für die Matcha-Burgerbrötchen (Buns)
4 Eiweiß (Größe M)
150 g Magerquark
6 g Matcha-Pulver (ein zu Pulver
    vermahlener Grüntee)
Salz
frisch gemahlener weißer Pfeffer

Für die Fischfrikadellen (Pattys)
¼ Bund Petersilie
400 g Fischfilet (z.B. Schellfisch)
1 Ei (Größe L)
½ EL Flohsamenschalen
1 EL Limettensaft
Kokosöl oder Butterschmalz
    zum Braten

Für die Dill-Curry-Mayonnaise
1–2 EL Mayonnaise
1 EL Crème fraîche
1 TL milde gelbe Currypaste
    (alternativ Currypulver)
¼ Bund Dill
Limettensaft

Außerdem
1 hart gekochtes Ei (Größe L)
¼ Salatgurke
½ Apfel
einige Salatblätter

1) Das Eiweiß steif schlagen. Den Quark glatt rühren, dann Matcha-Pulver dazusieben und glatt verrühren. Mit Salz und Pfeffer würzen und Eischnee unter die Matcha-Quark-Creme heben. 12 Teigkleckse auf ein mit Backpapier belegtes Backblech geben, dabei die Kleckse eher hoch aufbauen und nicht flach drücken. Im vorgeheizten Backofen bei 150 °C (Ober- und Unterhitze) 30–35 Minuten backen. Sie sollten sich oben nicht mehr feucht anfühlen.

2) Für die Fischfrikadellen die Petersilie waschen, trocken schütteln und Blätter abzupfen. Fisch, Ei, Flohsamenschalen, Limettensaft und Petersilienblätter in der Küchenmaschine zerkleinern, mit Salz und Pfeffer würzen und die Hackmasse zu etwa 6 flachen Frikadellen formen. Reichlich Fett in einer Pfanne erhitzen und die Fischfrikadellen darin etwa 10 Minuten bei mittlerer Hitze von beiden Seiten goldbraun braten.

3) Für die Dill-Curry-Mayonnaise Mayonnaise, Crème fraîche und Currypaste glatt verrühren. Dill waschen, trocken schütteln und Blättchen abzupfen; fein hacken und zusammen mit dem Limettensaft unter die Creme rühren. Mit Salz und Pfeffer abschmecken.

4) Ei und Gurke in Scheiben schneiden, Apfel in Schnitze schneiden. Alle Matcha-Buns auf einer Seite mit Dill-Curry-Mayonnaise bestreichen. 6 Buns mit Salatblättern, Fischfrikadellen, Eischeiben, Apfelschnitzen und Gurkenscheiben belegen. Die übrigen Buns daraufsetzen.

KALTE EIERTARTE

Der Boden dieser Tarte besteht nur aus hart gekochten Eiern, Butter und Kräutern – LCHF in Reinkultur! Beim Belag können Sie variieren. Hier gibt's eine Kombi von Thunfisch, Fenchel und Tomaten.

Für 1–2 Portionen

Für den Eierboden
2 Eier (Größe L)
60 g Butter
2–3 Stängel Dill

Für den Belag
75 g Crème fraîche
Salz
frisch gemahlener weißer Pfeffer
1 TL Limettensaft
1 kleine Dose Thunfisch in Öl
5 Kirschtomaten
½ rote Zwiebel
½ Fenchelknolle
gehackter Dill zum Bestreuen

1) Für den Boden die Eier etwa 10 Minuten hart kochen, abkühlen lassen, pellen und hacken. Die Butter zerlassen. Den Dill waschen, trocken schütteln, Blättchen abzupfen und fein hacken. Die Eier mit Butter und Dill vermengen und in eine runde Plastikbox (etwa 18 cm Ø; alternativ Tarteform) drücken, 1–2 Stunden oder über Nacht in den Kühlschrank stellen und fest werden lassen.

2) Die Crème fraîche mit Salz, Pfeffer und Limettensaft würzen und auf den Boden streichen. Den Thunfisch abtropfen lassen, die Tomaten waschen und vierteln. Die Zwiebel abziehen, den Fenchel waschen und halbieren. Zwiebel und Fenchel in dünne Scheiben schneiden oder hobeln. Thunfisch, Tomatenviertel, Zwiebel- und Fenchelscheiben auf der Crème fraîche verteilen und mit Dill bestreuen.

TO-GO-TIPP Einfach den Eierboden am Vorabend in eine Plastikbox drücken und am Morgen belegen. Box verschließen und möglichst waagerecht transportieren, damit die Schichten erhalten bleiben.

CREMIGER BLUMENKOHLSALAT
MIT MINI-OFEN-BULETTEN

Dieser Salat erinnert an einen richtig guten, cremigen Kartoffelsalat. Wer Kartoffelsalat vermisst, wird in diesem Blumenkohlsalat also vielleicht einen leckeren Ersatz finden.

Für 2 Portionen

Für die Mini-Buletten
1 Zwiebel
400 g Rinderhack
1 Ei (Größe M)
1 TL Senf
Salz
frisch gemahlener schwarzer Pfeffer

Für den Salat
½ Blumenkohl
1 Bund Radieschen
½ kleine Salatgurke (ca. 150 g)
2 TL Kapern

Für das Dressing
4 EL Crème fraîche
4 EL griechischer Joghurt
1 TL Senf
ca. ¼ Bund Dill
Limettensaft

1) Für die Mini-Buletten die Zwiebel abziehen, fein hacken und mit dem Rinderhack mischen. Ei und Senf unterkneten und mit Salz und Pfeffer würzen. Kleine Buletten daraus formen und auf ein mit Backpapier belegtes Backblech legen. Im vorgeheizten Backofen bei 200 °C (Ober- und Unterhitze) etwa 20 Minuten backen.

2) In der Zwischenzeit Blumenkohl waschen und in kleine Röschen teilen, diese in kochendem Salzwasser 3–4 Minuten blanchieren. Abgießen, kalt abschrecken und abkühlen lassen. Die Radieschen waschen und in dünne Scheiben schneiden, die Gurke waschen und in Stifte schneiden. Die Kapern abtropfen lassen.

3) Für das Dressing Crème fraîche, Joghurt und Senf verrühren. Dill waschen, trocken schütteln und Blättchen abzupfen. Dann fein hacken und unter das Dressing rühren. Das Dressing mit Limettensaft, Salz und Pfeffer abschmecken, Blumenkohl, Radieschen, Gurke und Kapern unter das Dressing heben und durchziehen lassen. Mit Mini-Buletten servieren.

TO-GO-TIPP Blumenkohlsalat und Buletten am besten separat mitnehmen und dann gemeinsam verzehren. Wer mag, kann die Buletten noch kurz erwärmen, sie schmecken aber auch kalt super.

TIPP Für den Blumenkohlsalat lassen sich prima gekochte Blumenkohlröschen vom Vortag verwenden. Und vielleicht haben Sie auch noch Buletten übrig? Dann ist dieses Gericht in wenigen Minuten fertig. Statt Buletten würden auch kleine Schnitzel oder Räucherlachs in Scheiben zu diesem Rezept passen.

THAI-SALAT
MIT STEAKSTREIFEN

Rumpsteak goes Asia! Und das passt perfekt zusammen. Ein Salat, so gut wie ein kurzer Urlaub an einem thailändischen Strand. Augen schließen und genießen!

Für 2 Portionen

400 g grüner Spargel
Kokosöl zum Braten
evtl. 1 TL Sukrin gold
2–3 EL Weißweinessig
½ Salatgurke
1 rote Zwiebel
1 Stange Zitronengras
2–3 Stängel Koriander
2 Limetten
1–2 EL Tamari (glutenfreie Sojasauce)
1 EL Sesamöl
2 fertig gebratene Rumpsteaks

1) Den Spargel waschen, die holzigen Enden abschneiden. Spargel erst längs halbieren, dann in etwa 5 cm große Stücke schneiden. Etwas Kokosöl in einer Pfanne erhitzen und Spargelstücke darin 2–3 Minuten anbraten. Nach Wunsch mit Sukrin gold bestreuen und leicht karamellisieren lassen. Mit Essig und 5–6 EL Wasser ablöschen, aufkochen und bei schwacher Hitze 3–5 Minuten köcheln lassen.

2) Die Gurkenhälfte waschen und dritteln, längs in dünne Scheiben schneiden oder hobeln. Die Zwiebel abziehen, halbieren und in dünne Scheiben schneiden. Vom Zitronengras die äußeren Blätter entfernen, dann heiß waschen, trocken tupfen und sehr fein hacken. Den Koriander waschen und trocken schütteln, Blätter von den Stängeln zupfen und grob hacken.

3) Den Spargel samt Sud in eine Schüssel geben. Die Limetten halbieren und auspressen. Limettensaft, Tamari-Sojasauce und Sesamöl zum Spargel geben und verrühren, Gurke, Zwiebel und Zitronengras untermischen. Fleisch in Scheiben schneiden, auf den Salat legen und mit Koriander bestreuen.

TO-GO-TIPP Dieser Salat eignet sich wunderbar, wenn Sie vom Vorabend noch gebratene Steaks übrig haben. Auch der Salat selbst kann prima am Vorabend zubereitet werden und über Nacht im Kühlschrank in der Vinaigrette ziehen. Steak dann frisch aufschneiden und auf dem Salat anrichten.

TIPP Kein fertig gebratenes Rumpsteak da? Dann einfach frisch braten. Fleisch trocken tupfen und im heißen Kokosöl von jeder Seite 3–4 Minuten braten, mit Salz und Pfeffer würzen, aus der Pfanne nehmen, in Folie wickeln und ruhen lassen. Dann, wie im Rezept angegeben, weiterverwenden.

PUTE TONNATO

Mögen Sie Vitello tonnato? Dann werden Sie auch Pute tonnato lieben. Statt hauchdünnen Kalbfleischscheiben gibt es hier saftige Putenbrust. Mit viel Gemüse und Salat wird's schön sättigend.

Für 2–3 Portionen

Für Putenfleisch und Fond
1 Knolle Sellerie (ca. 250 g)
2–3 Karotten (ca. 250 g)
2 Zwiebeln
ca. 600 g Putenbrust
1 Lorbeerblatt
3 Gewürznelken
Salz
einige schwarze Pfefferkörner

Für die Thunfischsauce
1 Eigelb (Größe M)
1 TL Senf
2 EL Weißweinessig
frisch gemahlener schwarzer Pfeffer
125 ml kalt gepresstes Rapsöl
1 Dose Thunfisch in Öl
1–2 EL Zitronensaft

Außerdem
150 g Kirschtomaten
3 Stangen Sellerie
3 Stängel Minze
75 g Rucola
einige Kapernäpfel

TO-GO-TIPP Fleischscheiben und Sauce am besten getrennt mitnehmen. Im Büro Fleischscheiben auf einem Teller verteilen, mit Sauce bestreichen und mit den Toppings (Tomaten, Sellerie, Minze, Rucola und Kapernäpfel) belegen.

1) Den Knollensellerie und die Karotten schälen, waschen und in grobe Stücke schneiden, die Zwiebeln abziehen und vierteln, alles in einen Topf geben. Das Fleisch waschen und je nach Form evtl. ein wenig zurechtbinden oder mit Rouladennadeln fixieren. Dann das Fleisch auf das Gemüse setzen und mit Wasser bedecken. Lorbeer, Nelken, Salz und Pfeffer zufügen, kurz aufkochen und zugedeckt 50–60 Minuten köcheln lassen. Anschließend in der Brühe abkühlen lassen. 50–75 ml der Brühe für die Sauce aufbewahren.

2) Eigelb, Senf und Essig mit dem Mixstab pürieren und mit Salz und Pfeffer würzen, Öl tröpfchenweise untermixen. Thunfisch abtropfen lassen und mit der beiseitegestellten Brühe pürieren. Unter die Mayonnaise rühren und mit Salz, Pfeffer und Zitronensaft abschmecken.

3) Die Kirschtomaten waschen und vierteln, Stangensellerie waschen und in dünne Scheiben schneiden. Minze waschen, trocken schütteln und grob hacken, Rucola waschen und abtropfen lassen, Kapernäpfel ebenfalls abtropfen lassen. Das Fleisch dünn aufschneiden und großzügig mit der Sauce bestreichen. Kirschtomaten, Stangensellerie, Minze, Rucola und Kapernäpfel auf der Sauce anrichten.

TURBO-TIPP Statt selbst gekochtes Putenfleisch dünn aufzuschneiden, können Sie auch fertige geräucherte Putenbrustscheiben oder Putenbrustaufschnitt verwenden. Statt die Brühe für das Fleisch selbst anzusetzen, können Sie auch fertigen Fond oder Brühepulver verwenden. Auch die Mayonnaise müssen Sie nicht unbedingt selbst machen, fertige Mayo geht auch.

KALTE AVOCADO-SUPPE

MIT SCHINKENSPIESSCHEN

Eine kalte Suppe ist im Nu gemixt und eine erfrischende, bekömmliche Mahlzeit an einem warmen Tag. Für etwas „zu beißen" sorgen die würzigen Schinkenspieße.

Für 2–3 Portionen

Für die Suppe
3 Avocados
5 EL Zitronensaft
1 kleine Gemüsezwiebel
1 Knoblauchzehe
1 rote Chilischote
5 Stängel Petersilie
gut ½ l kalte, klare Gemüsebrühe
350 g griechischer Joghurt
Salz

Für die Spieße
6 Scheiben roher Schinken (z. B. Parmaschinken oder Serranoschinken)
Kokosöl oder Ghee zum Braten
6 Holzspieße

1) Die Avocados halbieren und Steine entfernen. Das Fruchtfleisch mit einem Löffel aus der Schale lösen, in grobe Stücke schneiden und sofort mit Zitronensaft beträufeln. Zwiebel und Knoblauch abziehen und hacken, Chili längs aufschneiden, Kerne entfernen und Schote in Ringe schneiden. Die Petersilie waschen, trocken schütteln und die Blätter abzupfen.

2) Avocado, Zwiebel, Knoblauch, Chili, Petersilie und gut die Hälfte der Brühe fein pürieren, dann Joghurt und restliche Brühe zufügen und nochmals kurz pürieren. Mit Salz abschmecken und mindestens eine Stunde oder über Nacht kalt stellen.

3) Jeweils eine Scheibe Schinken leicht wellig auf einen Holzspieß stecken. Fett in einer Pfanne erhitzen, die Schinkenspieße darin knusprig braten und zur Suppe reichen.

TO-GO-TIPP Suppe und Spieße separat mitnehmen. Spieße entweder kalt oder aufgewärmt zur Suppe essen.

GEMÜSESTICKS
MIT ZWEIERLEI DIPS

Erst ein Stück Paprika mit Schafskäse-Dip, dann etwas Sellerie mit Obazda. Und so weiter und so fort. Dieses spielerische Essen macht auch Kindern zum Beispiel auf Reisen Spaß.

Für 2–3 Portionen

Für den Schafskäse-Dip
100 g Feta
100 g Crème fraîche
¼ Bund Minze
¼ Bund Estragon
Zitronensaft
Salz
frisch gemahlener weißer Pfeffer

Für den Obazda
100 g weiche Butter
125 g Rahm-Camembert
½ Zwiebel
50 g Doppelrahm-Frischkäse
gemahlener Kümmel
edelsüßes Paprikapulver

Für die Gemüsesticks
1 große rote Paprikaschote
4 Stangen Sellerie
½ Salatgurke
½ Rettich

1) Für den Schafskäse-Dip Feta mit einer Gabel zerdrücken, dann mit Crème fraîche verrühren. Minze und Estragon waschen, trocken schütteln, Blätter von den Stängeln zupfen, fein hacken und unter den Dip rühren. Mit Zitronensaft, Salz und Pfeffer abschmecken.

2) Für den Obazda die Butter mit den Schneebesen des Handrührgeräts cremig rühren. Den Camembert in Würfelchen schneiden, zur Butter geben und mit einer Gabel zerdrücken. Die Zwiebel abziehen, fein würfeln und mit dem Frischkäse zum Butter-Camembert-Mix geben und verrühren. Obazda mit Salz, Pfeffer, Kümmel und Paprika abschmecken.

3) Für die Gemüsesticks das Gemüse waschen und jeweils in etwa 10 cm lange, dünne Sticks schneiden, den Rettich in dünne Scheiben schneiden. Gemüse mit den beiden Dips servieren.

TO-GO-TIPP Gemüse und die beiden Dips jeweils separat verpacken und mitnehmen. Unterwegs dann die Gemüsesticks einfach in die Dips tunken.

TIPP Sie können den Obazda auch im Blitzhacker zubereiten. So wird er besonders luftig-cremig.

TO-GO-TIPP Roher Lachs ist ein leicht verderbliches Lebensmittel und sollte daher unterwegs stets gekühlt werden.

TIPP Übrig gebliebene Brötchen passen auch prima zu diversen Salaten, Suppen oder Aufstrichen.

LACHS-KOHLRABI-CARPACCIO

MIT ZUCCHINI-DILL-BRÖTCHEN

Carpaccio gibt's nicht nur aus Rinderfilet. Diese Variante vereint hauchdünne Lachs- und Kohlrabischeiben. Eine Kombination, die großartig zusammenpasst.

Für 2 Portionen Carpaccio und 5 Brötchen

Für das Carpaccio
150 g frisches Lachsfilet (Sushi-Qualität)
1 Kohlrabi (am besten mit Grün)
1–2 EL Weißweinessig
1 TL körniger Senf
Salz
frisch gemahlener weißer Pfeffer
1–2 EL Olivenöl

Für die Zucchini-Dill-Brötchen
½ kleine Zucchini (ca. 100 g)
5 EL Kokosöl
1 Kugel Büffelmozzarella (125 g)
1 Ei (Größe M)
½ Bund Dill
2 EL Flohsamenschalen
3 EL Mandelmehl
3 EL Kartoffelfasern
1 Päckchen Natron
2 Msp. Johannisbrotkernmehl

1) Den Lachs in den Gefrierschrank legen, bis er auf Fingerdruck nicht mehr nachgibt. Den Kohlrabi schälen – dabei das Grün beiseitelegen – halbieren und in sehr dünne Scheiben schneiden oder hobeln. Für die Vinaigrette Essig, körnigen Senf, Salz und Pfeffer verquirlen, danach Olivenöl unterschlagen. Den Boden einer Plastikdose mit der Vinaigrette bepinseln. Den angefrorenen Lachs in sehr feine Scheiben schneiden und abwechselnd mit den Kohlrabischeiben dachziegelartig in die Plastikbox einschichten; mit der übrigen Vinaigrette beträufeln. Das Kohlrabigrün fein hacken und über das Carpaccio streuen.

2) Für die Brötchen die Zucchini waschen, auf einer feinen Reibe raspeln, in ein Sieb geben, mit etwas Salz bestreuen und ziehen lassen. Kokosöl schmelzen und etwas abkühlen lassen. Den Büffelmozzarella grob in Stücke zupfen und zusammen mit Kokosöl und Ei pürieren. Dill waschen, trocken schütteln und Blättchen abzupfen. Diese fein hacken und unter die Mozzarellamasse ziehen. Flohsamenschalen hinzugeben und kurz quellen lassen. Mandelmehl, Kartoffelfasern, Natron, Johannisbrotkernmehl, Salz und Pfeffer mischen und portionsweise unter die Mozzarellamasse rühren. Die Zucchiniraspel ausdrücken, zerpflücken und ebenfalls unter den Teig rühren. Mit angefeuchteten Händen etwa 5 Brötchen aus der Masse formen und im vorgeheizten Backofen bei 175 °C (Ober- und Unterhitze) 20–25 Minuten backen.

PFANNKUCHENSCHNECKEN
MIT BÄRLAUCHFRISCHKÄSE

Von Mitte März bis Anfang Mai ist Bärlauchzeit. Die kurze Saison sollte man nutzen! Das würzige Knoblauch-Aroma lässt die Schnecken nach Frühling schmecken.

Für 2 Portionen

Für den Pfannkuchenteig
90 g zimmerwarmer Doppel-
    rahm-Frischkäse
3 Eier (Größe M)
25 g geriebener Parmesan
20 g Kokosmehl
1 Msp. Johannisbrotkernmehl
Butter zum Braten

Für den Bärlauchfrischkäse
200 g Doppelrahm-Frischkäse
3 EL Milch
½ Bund Bärlauch
Salz
frisch gemahlener weißer Pfeffer

Für die Füllung
¼ Kopfsalat
125 g gekochter Schinken

Außerdem
Holzspieße

1) Frischkäse, Eier und Parmesan mit dem Pürierstab zu einer glatten Masse pürieren. Kokosmehl und Johannisbrotkernmehl mischen, zu der Frischkäse-Eier-Masse geben und unterrühren. Eine beschichtete Pfanne erhitzen, mit Butter einpinseln und eine kleine Kelle Teig in die Mitte der Pfanne geben. Den Teig durch kreisende Bewegungen der Pfanne oder mithilfe eines gefetteten Spatels verteilen und etwa 2 Minuten braten, bis die Mitte des Pfannkuchens nicht mehr feucht und der Rand ein wenig braun geworden ist. Dann mit einem Pfannenwender umdrehen und in etwa 30 Sekunden fertig braten. Herausnehmen und mit dem übrigen Teig ebenso verfahren.

2) Frischkäse und Milch glatt rühren. Bärlauch waschen, trocken tupfen, fein hacken, mit Frischkäse vermengen und mit Salz und Pfeffer abschmecken.

3) Den Salat in Blätter teilen, waschen und abtropfen lassen. Die Pfannkuchen mit Bärlauchfrischkäse bestreichen, Salatblätter und gekochten Schinken darauf verteilen. Die Pfannkuchen aufrollen und in Scheiben schneiden, je 2 Pfannkuchenschnecken auf einen Holzspieß stecken.

TO-GO-TIPP Die Pfannkuchenschnecken einfach in Plastikboxen geben und mitnehmen. Dank der Holzspieße halten die Schnecken gut zusammen.

TIPP Wer mag, serviert die Pfannkuchenschnecken auf einem Bett aus Salatblättern. So gibt's noch eine Extra-Portion Vitamine on top.

TO-GO-TIPP Paneer-Würfel, Knoblauchgarnelen und Vinaigrette separat einpacken und erst zum Verzehr mit dem Salat anrichten. Wer mag und die Gelegenheit hat, kann die Garnelen auch kurz erwärmen.

TURBO-TIPP Wenn es mal besonders schnell gehen soll, können Sie statt des selbst angesetzten Paneers auch eine Ziegenkäserolle verwenden. Einfach in Scheiben schneiden und im Mohn wälzen.

BABY-SPINAT
MIT GRAPEFRUIT, GARNELEN UND PANEER-WÜRFELN

Der Clou an diesem Salat sind die Würfel aus selbst gemachtem indischem Frischkäse, Paneer (oder auch Panir) genannt. Der Käse gelingt ganz leicht und macht sich über Nacht im Kühlschrank quasi von allein.

Für 2 Portionen

Für den Paneer
1 l Vollmilch
1 Zitrone
Salz
1–2 EL Mohn

Für den Salat
12 rohe Bio-Garnelen (ca. 240 g; ohne
   Kopf, mit Schale; frisch oder TK)
2 Pink Grapefruits
2 EL Weißweinessig
frisch gemahlener weißer Pfeffer
3 EL Olivenöl
1 Knoblauchzehe
Kokosöl zum Braten
150 g frische junge Spinatblätter
50 g schwarze Oliven

1) Für den Paneer die Milch zum Kochen bringen. Die Zitrone auspressen, Zitronensaft und reichlich Salz in die Milch rühren. Nun flocken die festen Bestandteile der Milch aus. Milch durch ein mit einem sauberen Küchenhandtuch ausgelegtes Sieb abgießen. Den aufgefangenen Käsebruch mit kaltem Wasser abspülen und gut ausdrücken. Käsebruch im Sieb belassen, mit einem Gewicht beschweren und über Nacht im Kühlschrank über einer Schüssel abtropfen lassen.

2) Eventuell TK-Garnelen auftauen lassen. Grapefruits so schälen, dass die weiße Haut vollständig entfernt wird. Filets mit einem scharfen Messer zwischen den Trennhäuten herauslösen. Saft aus den Trennhäuten drücken und auffangen. Für die Vinaigrette Grapefruitsaft, Essig, Salz und Pfeffer verrühren, dann Öl darunterschlagen.

3) Den Knoblauch abziehen und fein hacken. Die Garnelen, evtl. bis auf die Schwanzflossen, schälen, am Rücken längs einschneiden und den dunklen Darm entfernen. Die Garnelen dann waschen und trocken tupfen. Kokosöl in einer Pfanne erhitzen und Garnelen darin unter Wenden 3–4 Minuten braten. Den Knoblauch zugeben und kurz mitbraten, mit Salz und Pfeffer würzen. Paneer aus dem Küchentuch auspacken, in Würfel schneiden und im Mohn wälzen.

4) Den Spinat waschen, verlesen, gut abtropfen lassen und mit Oliven und Grapefruitfilets mischen. Vinaigrette unterheben, Mohn-Paneer-Würfel und Knoblauchgarnelen darauf anrichten.

SCHOTTISCHE EIER
MIT SPITZKOHL-FARMERSALAT

Schottische Eier sind hart gekochte Eier, umhüllt von einem saftigen Hack-Mantel. Schmecken supergut und sind ein perfektes LCHF-Essen. Schön frisch dazu der selbst gemachte Farmersalat.

Für 2–3 Portionen

Für den Farmersalat
1 kleiner Spitzkohl
2–3 mittelgroße Karotten
Salz
200 g Mayonnaise
100 g Crème fraîche
½ Bund Petersilie
1 EL Weißweinessig
1 EL Zitronensaft
frisch gemahlener weißer Pfeffer

Für die Schottischen Eier
4 Eier (Größe L)
300 g Hack (vom Schwein, Rind
    oder gemischt)
1 Ei (Größe M)
Kokosöl, Butter oder Butterschmalz
    zum Braten

1) Die äußeren Kohlblätter entfernen, den Spitzkohl vierteln und den Strunk herausschneiden. Dann Kohl in dünne Streifen hobeln oder fein raspeln. Die Karotten schälen und ebenfalls fein raspeln. Beides mischen, mit Salz bestreuen und kurz mit den Händen durchkneten.

2) Mayonnaise und Crème fraîche glatt rühren. Petersilie waschen, trocken schütteln, Blättchen abzupfen, fein hacken und zusammen mit Essig und Zitronensaft zum Dressing geben. Mit Salz und Pfeffer abschmecken, unter den Farmersalat rühren und zugedeckt ziehen lassen.

3) 4 Eier in 10 Minuten hart kochen, abschrecken und abkühlen lassen, anschließend pellen. Hack mit Salz und Pfeffer würzen und das übrige Ei (Größe M) unterrühren. Die hart gekochten Eier mit der Hackmasse umhüllen und gut andrücken.

4) Reichlich Fett in einer Pfanne erhitzen, Eier darin von allen Seiten gleichmäßig braten bzw. frittieren, bis sie rundum goldbraun sind. Die Schottischen Eier und den Farmersalat zusammen anrichten.

TO-GO-TIPP Die Schottischen Eier schmecken kalt oder aufgewärmt. Farmersalat separat mitnehmen und dazu servieren.

TIPP Statt Hack können Sie auch Brät aus rohen Bratwürstchen verwenden. Das hat den Vorteil, dass es schon fertig gewürzt ist. Dazu einfach das Brät herausdrücken und die Eier damit umhüllen und braten.

KASSELER-RÖLLCHEN
NACH WALDORF-ART

Selbst gemachter Waldorf-Salat schlägt das Fertigprodukt aus dem Supermarkt um Längen und geht einfacher, als Sie vielleicht denken. Eingerollt in dünne Kasselerscheiben wird daraus im Nu eine komplette Mahlzeit.

Für 2–3 Portionen

400 g ausgelöster Kasseler Lachs

Für den Waldorf-Salat
1 Knolle Sellerie (250 g)
3 Stangen Sellerie
½ Apfel
4 EL Mayonnaise
2 EL Crème double
2–3 EL Weißweinessig
½ Bund Schnittlauch
Salz
frisch gemahlener weißer Pfeffer
25 g Walnusskerne
grüne Salatblätter zum Anrichten
  nach Belieben

1) Für das Kasseler gut 1 l Wasser aufkochen. Temperatur reduzieren, Kasseler hineinlegen und etwa 30 Minuten bei niedriger Hitze simmern lassen. Kasseler herausheben und auskühlen lassen.

2) Knollensellerie schälen, Stangensellerie waschen und dritteln. Den Apfel schälen, vierteln und entkernen. Das Gemüse und den Apfel in der Küchenmaschine fein raspeln.

3) Mayonnaise, Crème double und Essig mischen. Schnittlauch waschen, trocken schütteln, in feine Röllchen schneiden und zum Dressing geben. Das Dressing mit Salz und Pfeffer abschmecken und mit der Rohkost mischen. Die Walnüsse grob hacken und zuletzt unterheben.

4) Kasseler in sehr dünne Scheiben aufschneiden. Den Waldorfsalat auf den Kasselerscheiben verteilen und aufrollen. Nach Belieben auf einem Bett aus grünen Salatblättern anrichten.

TO-GO-TIPP Damit die Kasseler-Röllchen nicht auseinanderfallen, möglichst fest aufrollen und auf die „Nahtstelle" legen. Zusätzliche Sicherheit bietet die Fixierung mit einem Zahnstocher.

TURBO-TIPP Wenn Sie kein Kasseler am Stück da haben bzw. nicht extra zubereiten wollen, nehmen Sie einfach 8 Scheiben Kasseler-Aufschnitt.

THUNFISCH-CEVICHE

Ceviche ist eine „Garmethode", die aus Peru stammt. Dafür wird roher Fisch mit Limettensaft mariniert. Die Säure verändert die Eiweißstrukturen des Fisches und lässt diesen ganz leicht „garen". Zusammen mit der Vinaigrette und dem Gemüse eine geschmackliche Offenbarung!

Für 4 kleine Gläschen

Für das Ceviche
300 g Thunfischfilet (Sushi-Qualität)
2 Limetten

Für die Tomaten-Vinaigrette
2 Tomaten
1 Limette
3 EL Olivenöl
2 Knoblauchzehen
Salz
frisch gemahlener weißer Pfeffer

Außerdem
50 g TK-Erbsen
3 Frühlingszwiebeln
1 Avocado
1 Limette
etwas gehackter Koriander
  zum Garnieren

1) Den Thunfisch trocken tupfen und in feine Würfel schneiden. Die Limetten halbieren, den Saft auspressen, mit dem Thunfisch vermengen und im Kühlschrank marinieren lassen.

2) Die Tomaten waschen und auf einer gröberen Haushaltsreibe so reiben, dass die Haut übrig bleibt. Die Limette halbieren und den Saft auspressen. Das Tomatenpüree mit Limettensaft und Olivenöl verrühren. Knoblauch abziehen, fein hacken, zur Vinaigrette geben und mit Salz und Pfeffer würzen.

3) Tiefgefrorene Erbsen in kochendem Salzwasser blanchieren. Frühlingszwiebeln waschen und in feine Ringe schneiden. Die Avocado halbieren, Stein entfernen, das Fruchtfleisch aus der Schale lösen und in sehr kleine Würfel schneiden. Die Limette vierteln. Die Erbsen abgießen und auskühlen lassen. Das Gemüse vorsichtig mit dem Thunfisch mischen und in vier Weckgläschen füllen. Die Tomaten-Vinaigrette darübergeben, mit jeweils einer Limettenspalte und etwas Koriander garnieren und Gläschen verschließen.

TO-GO-TIPP Bitte das Thunfisch-Ceviche bis zum Verzehr immer kühlen.

TIPP Wer die rohen Frühlingszwiebeln etwas milder bzw. magenbekömmlicher mag, blanchiert sie kurz mit den Erbsen.

RAFFINIERTE KÄSEROLLE
MIT SPINAT-CRACKERN

Das Auge isst mit! Und diese raffinierte Käserolle sieht doch wirklich toll aus, oder? Mithilfe von Frischhaltefolie geht das Aufrollen auch ganz easy. Perfekt auch für LCHF-Büfetts und wenn Gäste kommen.

Für 2 Portionen

Für die Käserolle
20 g gehackte Mandelkerne
2 Stängel glatte Petersilie
2 Stängel Kerbel
125 g Feta
125 g Doppelrahm-Frischkäse
1 TL Tomatenmark
edelsüßes Paprikapulver

Für die Spinat-Cracker
150 g frische junge Spinatblätter
55 g Butter
30 g Mandelmehl
20 g Chiasamenmehl
10 g Kokosmehl
50 g fein geriebener Parmesan
Salz

Außerdem
einige Blätter grüner Salat

1) Die gehackten Mandelkerne in einer Pfanne ohne Fett rösten, dann herausnehmen. Die Kräuter waschen und trocken schütteln, Blätter von den Stängeln zupfen und fein hacken.

2) Feta und Frischkäse mit den Schneebesen des Handrührgeräts verrühren, ein Drittel abnehmen und Tomatenmark sowie etwas Paprikapulver unterrühren. Die übrige Käsemischung mit der Hälfte der Mandeln verrühren. Den Mandelkäse zwischen zwei Lagen Frischhaltefolie zu einem Rechteck (etwa 15 x 25 cm) ausrollen. Die obere Lage Folie entfernen und den Käse mit den gehackten Kräutern bestreuen. Aus dem Tomatenkäse mithilfe von Frischhaltefolie eine etwa 25 cm lange Rolle formen und längs in die Mitte des ausgerollten Käses legen, mithilfe der Folie aufrollen. Mit den restlichen gehackten Mandeln bestreuen und, in Folie gewickelt, über Nacht im Kühlschrank durchkühlen lassen.

3) Für die Spinat-Cracker den Spinat waschen und abtropfen lassen, die Butter in einem Töpfchen schmelzen. Beides mit dem Pürierstab fein pürieren. Falls die Masse zu trocken ist, noch 1–2 EL Wasser zufügen. Mandelmehl, Chiasamenmehl, Kokosmehl, Parmesan und Salz mischen, die trockenen Zutaten mit dem Spinat-Butter-Mix zu einem glatten Teig verarbeiten.

4) Den Teig zwischen zwei Lagen Frischhaltefolie rechteckig ausrollen und auf ein mit Backpapier ausgelegtes Backblech legen. Mit einem Pizzaroller oder gewellten Teigrädchen in etwa 16 Rechtecke schneiden. Teig im vorgeheizten Backofen bei 200 °C (Ober- und Unterhitze) etwa 18 Minuten backen. Herausnehmen, evtl. die ausgeschnittenen Rechtecke noch einmal nachschneiden und auskühlen lassen. Die Käserolle in Scheiben schneiden und mit den Salatblättern auf den Spinat-Crackern anrichten.

TO-GO-TIPP Die Rolle als Ganzes ins Büro mitnehmen und dort frisch aufschneiden. Dann mit Salatblättern und Crackern anrichten.

TIPP Die Käserolle schmeckt auch ohne die Spinat-Cracker. In Scheiben geschnitten, macht sie sich auch wunderbar auf jedem Salatteller.

ZUCCHINI-ZITRUS-MUFFINS
MIT ICING UND MANDELN

Zucchini im Kuchenteig? Keine Sorge, die Muffins schmecken lecker und süß und nicht herzhaft nach Gemüse. Im Gegenteil, durch die Zucchiniraspel im Teig werden diese Muffins ultimativ saftig.

Für etwa 6 Muffins

Für den Teig
½ kleine Zucchini (ca. 100 g)
Salz
100 g weiche Butter
75 g Sukrin (alternativ Sukrin gold
   oder Sukrin melis)
1 Ei (Größe L)
1 unbehandelte Limette
100 g entöltes Mandelmehl
50 g gemahlene Mandelkerne
1 Päckchen Natron
1 TL Johannisbrotkernmehl

Für das Icing
1 Eiweiß (Größe S)
75 g Sukrin melis
50 g Mandelkerne mit Haut

1) Die Zucchini waschen und auf einer Haushaltsreibe raspeln. Dann in ein mit einem Küchentuch ausgelegtes Sieb geben, mit etwas Salz bestreuen und ziehen lassen.

2) Butter und Sukrin mit den Schneebesen des Handrührgeräts cremig rühren, dann das Ei unterrühren. Die Limette waschen, die Schale fein abreiben, anschließend die Frucht halbieren und den Saft auspressen. 1 TL Saft für das Icing beiseitestellen, restlichen Saft und Schale unter den Teig rühren. Mandelmehl, gemahlene Mandeln, Natron und Johannisbrotkernmehl mischen und unter den Teig heben. Zucchiniraspel im Küchentuch ausdrücken, zerpflücken und ebenfalls unter den Teig heben.

3) Papierförmchen in die Mulden eines Muffinblechs setzen, Teig hineinfüllen und im vorgeheizten Backofen bei 175 °C (Ober- und Unterhitze) 20–30 Minuten backen. Herausnehmen und auf einem Kuchengitter abkühlen lassen.

4) Für das Icing Eiweiß mit einer Prise Salz steif schlagen, Sukrin melis und 1 TL Limettensaft unterrühren und die Muffins damit bestreichen. Die Mandeln hacken und auf das Icing streuen.

TO-GO-TIPP Damit das Icing richtig fest und damit auch gut transportfähig wird, sollten Sie ein möglichst kleines Eiweiß verwenden. Ist das Eiweiß recht groß, kann es passieren, dass das Icing zu flüssig ist und nicht richtig aushärtet. Icing am besten über Nacht fest werden lassen.

ERDBEER-KOKOS-SHAKE

Für 1 Glas

100 g Erdbeeren
½–1 Stange Zitronengras
100 ml Kokosmilch
evtl. etwas Kokosblütenzucker
1 Stängel Basilikum oder Minze
1 TL Pistazien

1) Die Erdbeeren waschen, halbieren und für etwa 2 Stunden ins Tiefkühlfach legen. Vom Zitronengras die äußeren harten Blätter entfernen, das Innere in feine Ringe schneiden.

2) Die angefrorenen Erdbeeren, Zitronengras, Kokosmilch und evtl. etwas Kokosblütenzucker mit einem Pürierstab fein mixen und in ein Glas füllen. Basilikum waschen, trocken schütteln, Blätter abzupfen und fein hacken. Pistazien ebenfalls hacken. Beides über den Shake streuen.

ERDBEER-RHABARBER-SCHICHTSPEISE

Für 2 Portionen

Für das Erdbeer-Rhabarber-Kompott
175 g Rhabarber
175 g Erdbeeren
1–2 EL Sukrin

Für die Vanille-Mohn-Creme
15 g gemahlener Mohn
1 EL Sukrin melis
½ TL Vanillepulver
100 g Schlagsahne
150 g Sahnequark
1–2 TL Limettensaft

Außerdem
20 g Mandelkerne mit Haut

1) Den Rhabarber schälen, die Erdbeeren waschen. Beides in Stücke schneiden und zusammen mit Sukrin und etwa 2 EL Wasser in einen kleinen Topf geben und ungefähr 15 Minuten köcheln lassen. Kompott abkühlen lassen und ein wenig pürieren, es dürfen noch Fruchtstücke übrig bleiben.

2) Für die Creme Mohn mit Sukrin melis und Vanillepulver mischen. Sahne steif schlagen. Quark mit Limettensaft verrühren. Zuerst Mohnmischung, dann geschlagene Sahne unter die Quarkcreme rühren.

3) Kompott und Vanille-Mohn-Creme abwechselnd in Gläser einschichten, dabei mit Creme abschließen. Die Mandeln grob hacken und als Topping auf die Creme streuen.

TO-GO-TIPP Schichtspeise in ein Gefäß einschichten, welches sich gut verschließen und mitnehmen lässt. Schmeckt am besten kühl.

STRAWBERRY DREAM

EINE LIEBESERKLÄRUNG AN DIE ERDBEERE: EIN SCHNELLER
SHAKE, DER SOWOHL EINEN SUPER SNACK ALS AUCH EIN
GESUNDES DESSERT ABGIBT.

FRISCHES, AROMATISCHES, VON DER SONNE
VERWÖHNTES GEMÜSE GIBT ES JETZT
IN HÜLLE UND FÜLLE. DAVON KANN MAN
PRAKTISCH NICHT GENUG ESSEN, DENN
SCHLIESSLICH IST GEMÜSE DIE BASIS DER
LCHF-ERNÄHRUNG.

SOMMER

An den warmen Sommertagen spielt sich das Leben noch mehr draußen ab als zu allen anderen Jahreszeiten. Die Sonne lockt uns hinaus ins Freie. Jetzt ist die Zeit für Ausflüge und Picknicks, für lange Abende auf der Terrasse oder auf dem Balkon. Aber auch der ganz normale Alltag mit Job, Uni oder Schule will gemeistert werden. Und das ist manchmal gar nicht so einfach bei 30 Grad im Schatten.

DEN SOMMER GENIESSEN

Die sommerlichen To-go-Rezepte auf den nächsten Seiten kommen da gerade recht. Kalte Suppen, die herrlich erfrischen und beleben, knackige Salate mit marktfrischem Gemüse, schnelle Gerichte, die in 20 Minuten auf dem Tisch stehen. Und natürlich Ideen, die sich bereits am Vorabend gut vorbereiten lassen. Damit mehr Zeit bleibt, um den Sommer in vollen Zügen zu genießen.

GRÜNES FRÜHSTÜCK

FÜR DEN BESONDERS GRÜNEN START IN DEN TAG KOMMT
HIER EIN ZUCCHINI-BIRCHERMÜSLI AUF LCHF-ART. ZUCCHINI
IM MÜSLI? OH JA. DAS SCHMECKT RICHTIG GUT!

CREMIGES MÜSLI BIRCHER-ART MIT ZUCCHINI

Für 1 Portion

½ Zucchini (ca. 100 g)
Salz
125 g Kokosmilch
3 EL Mandelmehl
1 EL Kokosöl
2 EL Kokosraspel
Zimt
angeröstete Kokosspäne
   zum Garnieren

1) Die Zucchini waschen und fein raspeln, dann mit Salz bestreuen und ziehen lassen.

2) Die Kokosmilch mit Mandelmehl in einem Töpfchen aufkochen und kurz köcheln lassen, dabei dickt die Masse ein wenig ein. Anschließend zuerst das Kokosöl, dann die Kokosraspeln unterrühren.

3) Die Zucchiniraspel ausdrücken, zerpflücken und unter das Müsli heben. Mit Zimt würzen und mit Kokosspänen garnieren.

TO-GO-TIPP Noch leicht warm schmeckt das Müsli am allerbesten. Daher das Müsli entweder noch lauwarm auf dem Weg zur Arbeit verzehren oder im Büro ganz kurz in der Mikrowelle oder auf dem Herd erwärmen. Da das Müsli etwas nachdickt, evtl. noch Flüssigkeit (z. B. Kokosmilch, Sahne oder Wasser) zugeben.

BROKKOLI-MINZ-GREENIE

Für 1 Portion

½ Banane
125 g Brokkoli
1 Handvoll Minzeblätter
1 Handvoll Spinatblätter
1 TL Leinsamen
1 TL Kokosöl

Die Banane schälen, in Stücke schneiden und für 1–2 Stunden ins Gefrierfach legen. Brokkoli, Minze und Spinat waschen und abtropfen lassen. Dann zusammen mit der Banane, dem Leinsamen, dem Kokosöl und 200–250 ml Wasser mit dem Mixer fein pürieren. In ein Glas oder einen Becher füllen.

TIPP Bereiten Sie ruhig die doppelte Menge Smoothie zu, er hält sich gekühlt bis zu drei Tage. Am besten in verschließbare, dunkle Flaschen füllen, damit möglichst viele Vitamine erhalten bleiben.

ROTER SMOOTHIE

Für 1 Portion

30 g Mandelkerne
   (alternativ 30 g Mandelmus)
100 g Erdbeeren
100 g Himbeeren
50 g frische junge Spinatblätter
50 g Radicchio
½ Zitrone
1 Msp. Vanillepulver oder
   2 cm Vanilleschote
1 TL weiches Kokosöl

1) Die Mandeln über Nacht wässern. Am nächsten Tag das Wasser abgießen. Erdbeeren, Himbeeren, Spinat und Radicchio waschen. Radicchio in Stücke zupfen. Zitrone schälen und in Stücke schneiden.

2) Mandeln oder Mandelmus, Erdbeeren, Himbeeren, Spinat, Radicchio, Zitrone und Vanillepulver bzw. Vanilleschote mit einem Stabmixer fein pürieren. Kokosöl unterrühren und Smoothie in ein Glas füllen.

TO-GO-TIPP Smoothie in eine gut schließende To-go-Trinkflasche aus Glas oder Kunststoff füllen. Wenn der Smoothie länger steht, können sich einzelne Schichten bilden. Das macht gar nichts, einfach kurz umrühren oder kräftig schütteln und weitertrinken.

KERNIGER KARIBIK-RIEGEL

Für ca. 15 Müsliriegel

Für die Müsliriegel
5 EL Kokosöl
100 g Cashewkerne oder Cashewbruch
100 g Macadamiakerne
50 g blanchierte Mandelkerne
50 g Sonnenblumenkerne
100 g Kokosraspel
2 EL goldener Leinsamen
3 EL Kakaonibs (geschälte und klein
   geschnittene Kakaobohnen)
80 g Kokosmus
2 Eier (Größe M)
optional 1–2 EL Sukrin melis

Zur Dekoration
75 g Zartbitterschokolade

1) Kokosöl schmelzen. Cashew-, Macadamia- und Mandelkerne grob hacken, anschließend mit Sonnenblumenkernen, Kokosraspeln, Leinsamen und Kakaonibs mischen. Geschmolzenes Kokosöl, Kokosmus und Eier verquirlen. Wer den Riegel etwas süßer mag, gibt noch Sukrin melis hinzu. Dann die trockenen Zutaten mit einem Löffel unterrühren.

2) Eine quadratische Springform (24 x 24 cm) mit Backpapier auslegen. Die Nussmasse in die Springform füllen und mit angefeuchteten Händen glatt streichen. Im vorgeheizten Backofen bei 150 °C (Ober- und Unterhitze) etwa 20 Minuten backen. Herausnehmen und noch lauwarm mit einem scharfen Messer in etwa 15 Müsliriegel schneiden.

3) Schokolade in Stücke brechen und über einem warmen Wasserbad schmelzen. Die Müsliriegel mit der Unterseite hineintauchen oder auf der Oberseite besprenkeln.

POWER-FRÜHSTÜCK

FRISCHE ENERGIE GEFÄLLIG? DER ROTE SMOOTHIE MIT
MANDELN IST EIN WAHRES KRAFTPAKET FÜR EINEN
KICK-START AM MORGEN. JETZT KANN DER
TAG KOMMEN!

OVERNIGHT-CHIA-GLAS
MIT WASSERMELONE

Zauberei? Nein, Chiasamen! Die kleinen braunen Perlen machen über Nacht aus einer recht flüssigen Creme einen dicken Pudding, der einfach göttlich schmeckt.

Für 1 Portion

Für den Chiapudding
3 Scheiben Banane
100 ml Kokosmilch
2 EL griechischer Joghurt
1 unbehandelte Zitrone
2 EL Chiasamen
1 EL Hanfsamen

Für das Topping
100 g Wassermelone
einige Kokosspäne

1) Die Bananenscheiben mit einer Gabel zerdrücken, das Mus mit der Kokosmilch und dem griechischen Joghurt mischen. Die Zitrone waschen, Schale abreiben, dann halbieren und Saft auspressen. Bananencreme, Chiasamen, Hanfsamen sowie Zitronenschale und -saft verrühren und in ein verschließbares Glas (z. B. Weckglas oder Schraubglas) füllen. Das Glas sollte so groß sein, dass oben noch etwas Platz für das Topping bleibt. Glas verschließen und über Nacht in den Kühlschrank stellen.

2) Am nächsten Morgen die Wassermelone schälen und in Stücke schneiden. Zusammen mit den Kokosspänen auf den Chiapudding geben.

TO-GO-TIPP Ein sehr praktisches Rezept, da die Chiasamen über Nacht im Kühlschrank ausquellen und am nächsten Morgen ein leckeres und sättigendes Frühstück zum Mitnehmen fertig ist.

KALTE PAPRIKA-SUPPE
MIT HÄHNCHEN

Es gibt kaum etwas Erfrischenderes an einem heißen Sommertag als eine kalte Suppe. Diese hier punktet zusätzlich mit herrlichen Aromen von Ingwer, Curry, Knoblauch und Kokos.

Für 2 Portionen

1 Zwiebel
1 Knoblauchzehe
1 Stück Ingwer
500 g gelbe Paprikaschoten
1 unbehandelte Limette
1 EL Kokosöl
1 TL gelbe Currypaste
150 ml klare Gemüsebrühe
200 ml Kokosmilch
Salz
evtl. etwas Sukrin melis
1–2 EL Kokosraspel
125 g geräucherte Hähnchenbrust
Koriander zum Garnieren

1) Zwiebel und Knoblauch abziehen und würfeln. Den Ingwer schälen und reiben. Die Paprika halbieren, waschen und in grobe Würfel schneiden. Die Limette waschen, die Schale abreiben. Anschließend die Frucht halbieren und auspressen.

2) Öl in einem Topf erhitzen und zuerst Zwiebel, Knoblauch und Ingwer, dann Paprikastücke darin anschwitzen. Die Currypaste mit anschwitzen, dann Brühe zufügen. Aufkochen und zugedeckt etwa 4 Minuten köcheln lassen. Kokosmilch und Limettenschale zufügen und kurz erhitzen. Die Suppe vom Herd nehmen, in einen hohen Pürierbecher umfüllen, damit es weniger spritzt, und fein mixen. Mit Salz und etwas Limettensaft abschmecken und nach Wunsch mit etwas Sukrin melis süßen.

3) Die Suppe auskühlen lassen und mindestens 2 Stunden oder über Nacht kalt stellen. Die Kokosraspel in einer Pfanne sanft anrösten, bis sie beginnen zu duften und goldgelb werden. Das Fleisch in dünne Scheiben schneiden. Die Suppe mit Kokosraspeln, einigen Scheiben Hähnchenfilet und Koriander anrichten.

TO-GO-TIPP Suppe in einer gut schließenden Transportbox mitnehmen. Kokosraspel, Hähnchenscheiben und Koriander erst zum Verzehr in der Suppe anrichten.

EAT A RAINBOW

Ein Salat, so bunt und schön wie ein Regenbogen. Von Gelb über Grün bis Orange, Rot und Violett sind alle Farben dabei. Hier steckt die geballte Kraft an sekundären Pflanzenstoffen drin. Und die sind wahrer Zellschutz zum Essen!

Für 1 Portion

Für den Salat
1 Handvoll junger Spinat
½ Avocado
Zitronensaft zum Beträufeln
½ gelbe Paprikaschote
½ Karotte
2 Tomaten
6 Radieschen
50 g Brombeeren

Für die Vinaigrette
1 EL Himbeeressig
Salz
frisch gemahlener weißer Pfeffer
1 EL kalt gepresstes Olivenöl

1) Den Spinat waschen und abtropfen lassen. Die Avocado halbieren, Kern entfernen, Fruchtfleisch herauslösen, in Spalten schneiden und sofort mit Zitronensaft beträufeln. Die Paprika waschen und in Streifen schneiden, die Karotte schälen und fein raspeln. Die Tomaten und Radieschen waschen, die Tomaten würfeln, die Radieschen in Scheiben schneiden. Die Brombeeren kurz abbrausen. Alle Zutaten der Farbe nach in Streifen (wie ein Regenbogen) in eine Mitnehmbox füllen.

2) Für die Vinaigrette Essig mit Salz und Pfeffer verrühren, dann Öl unterschlagen und Vinaigrette auf dem Salat verteilen.

TO-GO-TIPP Alle Salatzutaten in die Mitnehmbox füllen. Vinaigrette separat mitnehmen.

TIPP Wer noch mehr Hunger hat, kann zum Regenbogen-Salat etwas LCHF-Gebäck essen. Zum Beispiel die Burgerbrötchen von S. 157 oder die Fathead-Cracker von S. 160.

SCHNELLER
HÄHNCHEN-AUFLAUF

Ein total unkompliziertes Essen mit ganz wenigen Zutaten.
Und trotzdem superlecker. Was will man mehr?

Für 1 Portion

2 feste Eiertomaten
½ Zucchini
1 Knoblauchzehe
Olivenöl
Salz
frisch gemahlener weißer Pfeffer
2–3 Zweige Rosmarin
1 fertig gebratenes oder gekochtes
   Hähnchenbrustfilet (ca. 125 g)
1 Kugel Büffelmozzarella (125 g)

1) Die Tomaten und Zucchini waschen und beides in dünne Scheiben schneiden. Eine Auflaufform schuppenartig mit den Gemüsescheiben auslegen. Knoblauch schälen und fein hacken, mit etwas Olivenöl mischen und das Gemüse damit beträufeln. Mit Salz und Pfeffer würzen. Rosmarinnadeln abstreifen, fein hacken und über das Gemüse geben. Evtl. noch etwas Olivenöl darüberträufeln.

2) Das Hähnchenfilet in Scheiben schneiden und zwischen die Gemüsescheiben setzen. Den Mozzarella in Scheiben schneiden und auf dem Hähnchen und dem Gemüse verteilen. Im vorgeheizten Backofen bei 200 °C (Ober- und Unterhitze) etwa 15 Minuten überbacken.

TO-GO-TIPP Der Auflauf schmeckt kalt oder aufgewärmt. Zum Aufwärmen einfach kurz in den Ofen oder die Mikrowelle stellen. Vielleicht lässt sich der Auflauf aufgrund der kurzen Backzeit sogar frisch in Ihrer Büroküche zubereiten?

TIPP 1 Tomaten quer und nicht längs in Scheiben schneiden, so fallen sie nicht auseinander.

TIPP 2 Kein fertig gegartes Hähnchenfilet parat? Dann einfach rasch ein frisches Hähnchenfilet zubereiten. Entweder in heißem Kokosöl rundherum 4–5 Minuten goldbraun braten oder in reichlich Salzwasser 8–10 Minuten kochen. Dann, wie im Rezept beschrieben, weiter verwenden.

CAPRESE-FRIKADELLEN

Aus einem einfachen Hackteig lassen sich mit wenigen Handgriffen italienisch inspirierte Tomate-Mozzarella-Frikadellen zaubern. Für die Extra-Portion „Grünzeug" einen großen knackigen Salat dazu essen.

Für 2 Portionen

Für den Hackteig
20 g Pinienkerne
1 Zwiebel
1 Knoblauchzehe
400 g Rinderhack
1 Ei (Größe L)
1 TL Senf
Salz
frisch gemahlener schwarzer Pfeffer
evtl. Pizzagewürz

Für den Belag
2 Tomaten
1 Kugel Mozzarella (125 g)

Außerdem
Basilikum zum Garnieren

1) Pinienkerne in einer Pfanne ohne Fett goldgelb anrösten, herausnehmen und auskühlen lassen, dann fein hacken. Zwiebel und Knoblauch abziehen und ebenfalls fein hacken. Pinienkerne, Zwiebel und Knoblauch mit dem Rinderhack mischen und Ei und Senf unterkneten. Mit Salz, Pfeffer und optional etwas Pizzagewürz würzen. 6–8 Frikadellen daraus formen und auf ein mit Backpapier belegtes Backblech legen.

2) Tomaten waschen und in Scheiben schneiden, Mozzarella ebenfalls in Scheiben schneiden. Die Frikadellen mit Tomate und Mozzarella belegen und ein wenig andrücken. Dann im vorgeheizten Backofen bei 200 °C (Ober- und Unterhitze) 20–25 Minuten backen und, mit Basilikum garniert, servieren.

TO-GO-TIPP Die Caprese-Frikadellen schmecken kalt und warm gleichermaßen.

TIPP Sie können auch Frikadellen vom Vortag für dieses Rezept verwerten. Mit Tomate und Mozzarella belegen und für etwa 15 Minuten bei 200 °C (Ober- und Unterhitze) backen.

TO-GO-TIPP Die Drumsticks schmecken auch kalt wunderbar. Einfach in die Sauce dippen und unterwegs genießen.

TIPP 1 Blech mit Hähnchenkeulen in den oberen Bereich des Backofens schieben, die Fettpfanne mit Tomaten darunter einschieben.

TIPP 2 Übrige Tomatensauce schmeckt zum Beispiel auch prima zu Aufläufen und Quiches.

HÄHNCHEN-DRUMSTICKS

IN PARMESAN-THYMIAN-HÜLLE MIT TOMATENSAUCE

Darauf können sich Ihre Geschmacksnerven wirklich freuen: knusprig-würzige Hähnchenkeulen und dazu eine süß-fruchtige Tomatensauce, die praktischerweise gleichzeitig mit den Keulen im Ofen zubereitet wird.

Für 2 Portionen

Für die Tomatensauce aus dem Ofen
1,5 kg aromatische, kleine
   Strauchtomaten
4 Zweige Thymian
4 Zweige Rosmarin
2 frische Knoblauchzehen
½ unbehandelte Orange
½ unbehandelte Zitrone
Salz
6–7 EL Olivenöl
Pfeffer
1 EL Balsamico-Essig

Für die Drumsticks
500 g Hähnchenunterkeulen
100 g Parmesan
6 Zweige Thymian
3 Eigelb

1) Für die Tomatensauce die Tomaten von den Rispen zupfen und waschen, dann auf der Fettpfanne des Backofens verteilen. Die Kräuter waschen, trocken schütteln und zusammen mit Knoblauch (mit Schale) zu den Tomaten auf das Blech geben. Orange und Zitrone waschen und Schale möglichst dünn abschneiden, Zitrusschalen ebenfalls auf das Blech geben. Mit Salz bestreuen und mit Olivenöl beträufeln.

2) Die Hähnchenkeulen waschen und trocken tupfen. Den Parmesan fein reiben. Den Thymian waschen, trocken schütteln, fein hacken, zum Parmesan geben und vermischen. Das Eigelb verquirlen und die Hähnchenkeulen zuerst in Eigelb und dann in Parmesan wenden, anschließend auf einem mit Backpapier belegten Blech verteilen.

3) Das Blech mit den Hähnchenkeulen und die Fettpfanne mit den Tomaten gleichzeitig in den vorgeheizten Backofen schieben und bei 175 °C (Umluft) 40–45 Minuten garen. Nach der Hälfte der Garzeit die Keulen einmal wenden.

4) Nach Ende der Garzeit die Hähnchenkeulen herausnehmen, die Tomaten einmal umrühren, und in die oberste Schiene schieben. Grillfunktion des Backofens zuschalten und die Tomaten weitere 5 Minuten übergrillen, dann herausnehmen und durch ein Sieb passieren. Die Sauce mit Salz, Pfeffer und Essig abschmecken. Die Hähnchenkeulen mit der Tomatensauce servieren.

FISCHSALAT
MIT ERFRISCHENDER PORTULAKCREME

Portulak ist ein fast ver-
gessenes Kraut. Es lohnt
sich, damit zu kochen,
denn es schmeckt herrlich
erfrischend und säuer-
lich-salzig. Saison ist von Mai
bis September. Alternativ
können Sie auch glatte Petersilie nehmen.

Für 1 Portion

Für den Fisch
2 Stängel Dill
250 g frisches Fischfilet (z. B. Kabeljau)
Ursalz
frisch gemahlener weißer Pfeffer

Für die Portulakcreme
5 Stängel Portulak
2–3 EL Mayonnaise
100 g Schmand
1–2 EL Olivenöl
Zitronensaft

1) Den Dill waschen. Den Fisch waschen und trocken tupfen und mit Ursalz und Pfeffer würzen.
Ein Backpapier auf eine Größe von 40 x 30 cm
zuschneiden, Fischfilet und Dill daraufsetzen und
das Backpapier über dem Fisch bonbonartig mit
Küchengarn verschließen. Im vorgeheizten Backofen bei 125 °C (Ober- und Unterhitze) etwa 20 Minuten garen.

2) Portulak waschen und grob hacken, dann mit
Mayonnaise, Schmand und Öl verrühren und mit
Salz, Pfeffer und Zitronensaft abschmecken.

3) Den Fisch abkühlen lassen und in Stücke
schneiden oder zupfen, dabei evtl. vorhandene
Gräten entfernen. Den Fisch unter die Portulakcreme heben.

TO-GO-TIPP Sie können die Fischstückchen bereits
daheim unter die Portulakcreme rühren und den
Salat fix und fertig mitnehmen. Alternativ Fischstücke in eine Plastikbox umpacken (die Backpa-
pier-Päckchen könnten unterwegs auslaufen, da
beim Garen Flüssigkeit entsteht) und diese separat von der Creme mitnehmen. Im Büro Fisch in
Stücke schneiden und mit der Creme vermengen.

TIPP Eine gute Portion Rohkost-Sticks von Stangensellerie, Paprika, Radieschen und Gurke dazu
knabbern.

KALTER BRATEN
MIT GURKEN-TOMATEN-SALAT

Ein kalter, dünn aufgeschnittener Braten ist auch ein ideales Essen für mehrere Personen. Ideal zum Beispiel für ein Picknick oder fürs Büfett. Je nach Personenzahl die Fleischmenge erhöhen.

Für 4 Portionen

Für den Braten
1 kg Schweinenacken
Salz
frisch gemahlener weißer Pfeffer
1 TL Kokosöl
1 große Zwiebel
1 Stange Lauch
2 Karotten
¼ Knolle Sellerie
125 ml Weißwein
gut 200 ml Gemüsebrühe

Für den Tomaten-Gurken-Salat
8 Tomaten
½ Salatgurke
5 Stängel glatte Petersilie
1–2 Knoblauchzehen
200 g griechischer Joghurt
1–2 EL Zitronensaft

1) Für den Braten das Fleisch waschen, trocken tupfen und rundum kräftig salzen und pfeffern. Einen Bräter mit dem Kokosöl einstreichen, das Fleisch hineinlegen. Zwiebel abziehen, restliches Gemüse putzen, alles grob in Stücke schneiden und um das Fleisch herum verteilen. Im vorgeheizten Backofen ohne Deckel bei 200 °C (Ober- und Unterhitze) etwa 1 ½ Stunden braten. Nach 20 Minuten Wein angießen und danach immer wieder etwas Brühe zufügen, Fleisch regelmäßig mit dem Fond übergießen. Nach der Backzeit Fleisch aus dem Ofen nehmen und auskühlen lassen.

2) Die Tomaten waschen und in grobe Stücke schneiden. Die Gurke nach Belieben schälen, längs halbieren und die Kerne mit einem Löffel herauskratzen, Gurkenhälften ebenfalls grob in Stücke schneiden. Petersilie waschen, trocken schütteln, Blätter abzupfen und fein hacken. Knoblauchzehe abziehen und fein hacken. Joghurt mit Petersilie, Knoblauch und Zitronensaft verrühren, mit Salz und Pfeffer abschmecken, Tomaten und Gurken unterheben.

3) Den Braten dünn aufschneiden und mit dem Tomaten-Gurken-Salat servieren.

TO-GO-TIPP Fleisch daheim aufschneiden und die dünnen Scheiben mitnehmen. Salat separat mitnehmen.

TOMATEN-TARTE-TATIN
MIT BÜFFELMOZZARELLA

Die klassische französische Tarte Tatin wird mit Äpfeln zubereitet. Diese ebenso köstliche, pikante Variante setzt auf süß-saftige Tomaten und aromatischen Rosmarin.

Für 2 Portionen

Für den Teig
5 EL Kokosöl
1 Kugel Büffelmozzarella (125 g)
1 Ei (Größe L)
1 TL Weißweinessig
5 EL Mandelmehl
2 EL Flohsamenschalen
1 TL Natron
2 Msp. Johannisbrotkernmehl
Salz

Für die Füllung
3 Schalotten
3 Zweige Rosmarin
450 g Kirschtomaten
1 EL Kokosöl oder Ghee
1 EL Sukrin gold
frisch gemahlener weißer Pfeffer

Außerdem
1 Kugel Büffelmozzarella (125 g)
1 EL kalt gepresstes Olivenöl

TO-GO-TIPP Die Tarte schmeckt kalt oder aufgewärmt. Mozzarella am besten separat mitnehmen und erst zum Verzehr mit dem Olivenöl auf der Tarte anrichten.

1) Kokosöl in einem kleinen Töpfchen schmelzen, etwas abkühlen lassen. Büffelmozzarella grob in Stücke zupfen und zusammen mit Kokosöl, Ei und Essig mit dem Stabmixer pürieren. Mandelmehl, Flohsamenschalen, Natron, Johannisbrotkernmehl und Salz mischen und portionsweise unter die Mozzarellamasse rühren. Den Teig in Folie wickeln und kurz kalt stellen.

2) In der Zwischenzeit für die Füllung Schalotten abziehen, längs in Ringe schneiden. Rosmarin waschen, trocken schütteln und Nadeln abstreifen, Tomaten waschen.

3) Fett in einer ofenfesten Pfanne (etwa 28 cm Ø) erhitzen, Schalotten, Rosmarin und Tomaten zufügen und bei starker Hitze kurz anbraten. Sukrin gold darüberstreuen, bei mittlerer Hitze etwa 10 Minuten schmoren und karamellisieren lassen, dann mit Salz und Pfeffer würzen.

4) Die Pfanne vom Herd nehmen. Sind mehr als 2–3 EL Flüssigkeit in der Pfanne, etwas Sud abschöpfen. Tomaten gleichmäßig in der Pfanne verteilen.

5) Den Teig zwischen zwei Lagen Frischhaltefolie rund (etwa 26 cm Ø) ausrollen und auf die Kirschtomaten legen. Überstehenden Teig zwischen Tomaten und Innenrand der Pfanne vorsichtig nach unten drücken. Tarte im vorgeheizten Backofen bei 200 °C (Ober- und Unterhitze) 18–20 Minuten backen.

6) Mozzarella abtropfen lassen. Tarte aus dem Ofen nehmen, kurz ruhen lassen, dann vorsichtig auf eine Platte stürzen (Achtung, Spritzgefahr!). Mozzarella auseinanderzupfen, auf der Tarte anrichten und mit Olivenöl beträufeln.

MARINIERTER ZIEGENKÄSE
AUF SPECK-BÖHNCHEN

Der Ziegenkäse nimmt über Nacht den köstlichen Geschmack der Rosmarin-Zitronen-Marinade auf. Kombiniert mit den würzigen Speck-Böhnchen offenbart dieses Gericht ein wahres Füllhorn an Aromen.

Für 1 Portion

Für den marinierten Ziegenkäse
2 Zweige Rosmarin
½ unbehandelte Zitrone
4 EL Olivenöl
Salz
frisch gemahlener weißer Pfeffer
½–1 Rolle Ziegenweichkäse

Für die Speck-Böhnchen
200 g grüne Bohnen
1 Lauchzwiebel
2 Schalotten
40 g geräucherter durch-
    wachsener Speck
1 TL Butter
2 EL Olivenöl
25 g schwarze Oliven

1) Rosmarin waschen, trocken schütteln, Nadeln abzupfen und grob hacken. Zitrone waschen, Schale abreiben und Saft auspressen. Öl mit Rosmarin, Zitronenschale, Zitronensaft, Salz und Pfeffer verrühren. Ziegenkäse in Scheiben schneiden, in eine verschließbare Box geben, mit der Marinade übergießen und verschließen, über Nacht in den Kühlschrank stellen.

2) Bohnen waschen, in Stücke brechen oder schneiden und in kräftig gesalzenem Wasser 12–15 Minuten blanchieren. Abgießen, kalt abschrecken und abtropfen lassen.

3) Lauchzwiebel waschen und in Ringe schneiden, Schalotten abziehen und in Würfel schneiden, Speck in Streifen schneiden. Butter in einer Pfanne erhitzen und Speck und Schalotten darin braten. Zuerst Lauchzwiebel, dann Bohnen zufügen und kurz mitbraten. Olivenöl und Oliven zugeben, mit Salz und Pfeffer würzen. Zusammen mit den Ziegenkäsetalern anrichten.

TO-GO-TIPP Der Bohnensalat schmeckt lauwarm oder zimmerwarm am besten. Ziegenkäsetaler direkt in der Marinierbox mitnehmen und vor dem Verzehr frisch auf den Speck-Böhnchen anrichten.

TIPP Wer keinen Ziegenkäse mag, kann auch Feta verwenden.

MATJES-TORTE

Torten gehen auch pikant. Diese herzhafte Matjes-Torte ist der köstliche Beweis. Sie macht richtig was her, sodass Ihre Kollegen am Arbeits–platz über Ihr Mittagessen staunen werden.

Für 3–4 Portionen

250 g frische, küchenfertige Matjesfilets
1 Zwiebel
1 kleine Knolle Fenchel mit Grün
½ Apfel
¼ Salatgurke
1 TL Butter
3 EL Fisch- oder Gemüsefond
250 g Schlagsahne
Salz
frisch gemahlener weißer Pfeffer
4 Blatt weiße Gelatine
1 kleines Stück frischer Meerrettich
75 g griechischer Joghurt

1) Die Matjesfilets abspülen, trocken tupfen und in kleine Stücke schneiden. Den Boden einer Spring-form (18 cm Ø) mit Klarsichtfolie auslegen und mit den Matjesstücken belegen, kalt stellen.

2) Die Zwiebel abziehen und fein würfeln. Den Fenchel waschen und das Grün beiseitelegen. Apfel und Gurke waschen. Fenchel, Apfel und Gurke in Würfel schneiden. Butter in einem Topf erhitzen und zunächst die Zwiebel-, Fenchel- und Apfel-würfel 1–2 Minuten anschwitzen, dann kurz die Gurkenwürfel zufügen. Mit Fond und 150 g Sahne ablöschen, aufkochen und etwa 5 Minuten köcheln lassen, mit Salz und Pfeffer würzen. Dann vom Herd nehmen und etwas abkühlen lassen.

3) Gelatine in kaltem Wasser einweichen. Fenchel-grün fein hacken. Gelatine ausdrücken und in der warmen Gemüsesahne auflösen. Meerrettich schä-len und fein reiben. Zusammen mit griechischem Joghurt und Fenchelgrün in die Gemüsesahne ge-ben. Die restliche Sahne steif schlagen, ebenfalls unterheben und alles über die Fischstücke gießen. Mindestens 4 Stunden, am besten über Nacht, kalt stellen und fest werden lassen. Dazu schmeckt ein knackiger grüner Salat.

TO-GO-TIPP Die Matjes-Torte lässt sich, in (Torten-) Stücke geschnitten, prima mitnehmen.

TIPP Keine Matjes-Saison? Alternativ lässt sich die Torte auch mit Räucheraal oder Makrele zubereiten.

SCHLEMMER-TELLER
MIT MANDEL-BASILIKUM-PESTO

Dieses Gericht ist so schön bunt, dass es bereits eine Wohltat für die Augen ist, finden Sie nicht? Und geschmacklich kann der Schlemmer-Teller mit der Optik auf jeden Fall auch mithalten. Buon appetito!

Für 1 Portion

Für das Antipasti-Gemüse
je 1 gelbe und rote Paprikaschote
1 Zucchini
3 Zweige Rosmarin
4 EL Olivenöl
Salz
frisch gemahlener schwarzer Pfeffer
8 EL Balsamico-Essig

Für den Salat
1 Handvoll Rucola
½ Kugel Büffelmozzarella (ca. 60 g)
6 Scheiben Bresaola (luftgetrockneter
    Rinderschinken aus Italien)

Für das Pesto
1 großes Bund Basilikum (ca. 50 g)
2 Knoblauchzehen
30 g blanchierte Mandelkerne
100 ml Olivenöl

1) Für das Antipasti-Gemüse die Paprika waschen und in Streifen schneiden. Die Zucchini waschen und in Scheiben schneiden. Den Rosmarin waschen und trocken schütteln. Hälfte des Öls in einer Pfanne erhitzen und Zucchini darin etwa 3 Minuten unter Wenden braten. Hälfte des Rosmarins mitbraten. Mit Salz und Pfeffer würzen und mit der Hälfte des Essigs ablöschen. Die Zucchini herausnehmen, Pfanne auswischen und den Vorgang mit den Paprika wiederholen.

2) Den Rucola waschen und abtropfen lassen. Mozzarella in Stücke zupfen, Rucola mit Mozzarella, Bresaola und Antipasti-Gemüse anrichten.

3) Für das Pesto Basilikum waschen und trocken schütteln, Blätter abzupfen. Knoblauch abziehen und grob hacken, Mandelkerne ebenfalls grob hacken. Basilikum, Knoblauch, Mandelkerne und Öl mit dem Blitzhacker zu einem Pesto pürieren und mit Salz und Pfeffer würzen. Einen Klecks Pesto zum Schlemmer-Teller geben.

TO-GO-TIPP Die Zutaten für den Schlemmer-Teller können bereits zusammen in einer Plastikbox eingepackt werden (wer es besonders knackig mag, nimmt den Rucola gesondert mit). Pesto separat einpacken.

TIPP Die Pesto-Menge reicht für deutlich mehr als nur für eine Portion. Sie können ein Löffelchen davon zum Beispiel zu Salaten, Suppen, aber auch zu einem kalten Braten reichen.

GATEAU INVISIBLE
MIT ZUCCHINI

Gateau Invisible (französisch für „unsichtbarer Kuchen") ist in Frankreich derzeit absolut en vogue. Aber warum „unsichtbar"? Weil die kleine Menge Teig im Kuchen fast nicht zu sehen ist. Stattdessen erkennt man viele hauchdünne Schichten Obst oder Gemüse – in diesem Fall saftige Zucchini.

Für 4 Portionen

Für den Zucchinikuchen
4 EL Butter
3 Eier (Größe L)
200 g Schlagsahne
Salz
frisch gemahlener weißer Pfeffer
5 EL Kartoffelfasern
1 Päckchen Weinstein-Backpulver
1 kg Zucchini
75 g geriebener Parmesan

Für die Tomatensauce
1 Schalotte
2–3 EL Butter
1 TL Kokosblütenzucker
1 Dose stückige Tomaten (400 g)
1 EL Balsamico-Essig
frisch gemahlener weißer Pfeffer
Kurkuma
Kreuzkümmel

1) Butter in einem kleinen Töpfchen schmelzen und leicht abkühlen lassen. Eier mit Sahne in einer größeren Rührschüssel verquirlen, Butter zufügen und unterrühren. Mit Salz und Pfeffer würzen. Kartoffelfasern mit Backpulver mischen und Löffel für Löffel unter die Eiermasse rühren.

2) Die Zucchini waschen, quer halbieren und dann der Länge nach in sehr dünne Scheiben schneiden oder hobeln (z. B. mit einer Mandoline oder Aufschnittmaschine). Zucchinischeiben zum Teig geben und untermischen.

3) Einen Bogen Backpapier in eine quadratische Springform (24 x 24 cm) spannen. Zucchinimischung in die Springform füllen und Oberfläche glatt streichen, mit Parmesan bestreuen. Im vorgeheizten Backofen bei 200 °C (Ober- und Unterhitze) etwa 40 Minuten backen, dann herausnehmen und vollständig auskühlen lassen. Über Nacht in den Kühlschrank stellen.

4) Für die Tomatensauce Schalotte abziehen und fein hacken. Butter in einer Pfanne erhitzen und die Schalottenwürfel darin hell anschwitzen. Mit Kokosblütenzucker bestreuen und schmelzen lassen. Mit Tomaten und Essig ablöschen und mit Salz, Pfeffer, Kurkuma und Kreuzkümmel würzen. Die Sauce etwa 5 Minuten köcheln lassen, dann zum Zucchinikuchen servieren.

TO-GO-TIPP Der Gateau Invisible schmeckt sowohl kalt als auch in der Mikrowelle aufgewärmt.

TIPP Der Gateau Invisible lässt sich nur kalt in exakte Stücke schneiden.

MATCHA-JOGHURT-GRANITA

Für 2 Gläser

4 g Matcha-Pulver (ein zu Pulver
   vermahlener Grüntee)
200 ml Kokoswasser
200 g griechischer Joghurt
2 EL weiches Kokosöl
Crushed Ice

Das Matcha-Pulver in eine Schale sieben, das Ko-koswasser angießen und mit einem Schneebesen glatt verrühren. Angerührten Tee, griechischen Joghurt und Kokosöl in einen hohen Becher ge-ben und mit einem Pürierstab mixen. Crushed Ice unterrühren und ggf. noch etwas weitermixen, das Eis darf aber noch stückig bleiben.

ERDNUSS-EISKAFFEE TO GO

Für 2 Gläser

175 g Schlagsahne
350 ml starker kalter Kaffee
4 TL weiche Erdnussbutter
1–2 TL Sukrin melis
Eiswürfel oder Crushed Ice
gehackte Erdnüsse zum Garnieren

Die Hälfte der Schlagsahne steif schlagen und kalt stellen. Ein wenig Kaffee mit Erdnussbutter in einem hohen Gefäß glatt mixen, dann diese Mi-schung mit dem restlichen Kaffee, Sukrin melis, der restlichen Sahne und den Eiswürfeln mixen. Dabei je nach Wunsch das Eis im Eiskaffee noch stückig lassen oder cremig mixen. Den Eiskaffee in To-go-Becher füllen und mit der kalt gestellten geschlagenen Sahne garnieren und mit den ge-hackten Erdnüssen bestreuen.

TO-GO-TIPP Die coolen Drinks eignen sich nur für den sofortigen Verzehr, da das Eis schnell schmilzt. Also zum Beispiel daheim mixen und unterwegs schlürfen.

HEISSE TAGE, COOLE DRINKS

30 GRAD IM SCHATTEN? JETZT HILFT NUR EINE KALTE
ERFRISCHUNG VON INNEN. DIESE GRANITA SORGT NICHT
NUR FÜR ANGENEHME KÜHLE, SONDERN SCHMECKT AUCH
NOCH SUPER.

BEEREN-SMOOTHIE-BOWL

Eine Smoothie-Bowl – also ein Smoothie zum Löffeln – ist ein erfrischendes Frühstück an heißen Tagen für den Weg zur Uni oder ins Büro. Auch lecker als Dessert oder Snack für zwischendurch.

Für 2 Portionen

Für die Smoothie-Bowl
100 g TK-Erdbeeren
75 g TK-Heidelbeeren
75 g TK-Himbeeren
½ Banane
100 g Schlagsahne
3 EL geschroteter goldener Leinsamen
1 EL Kokosöl
evtl. etwas Kokosblütenzucker
    oder Sukrin melis

Für das Topping
½ Granatapfel
1 Handvoll Kokoschips
1–2 EL Kakaonibs (geschälte und klein
    geschnittene Kakaobohnen)

1) Alle TK-Beeren gefroren in die Küchenmaschine füllen. Die Banane schälen, grob in Stücke schneiden und mit Sahne, Leinsamen, Kokosöl und etwa 125 ml Wasser zu den Beeren in die Küchenmaschine geben. Pürieren, bis eine löffelbare Masse entsteht. Nach Wunsch mit etwas Kokosblütenzucker oder Sukrin melis süßen und Masse in eine verschließbare Plastikschale füllen.

2) Granatapfelkerne mit einem Löffel aus der Schale klopfen. Granatapfelkerne, Kokoschips und Kakaonibs auf dem Fruchtpüree verteilen.

TO-GO-TIPP Die Smoothie-Bowl schmeckt kalt besonders gut. Daher am besten relativ schnell nach der Zubereitung genießen.

TIPP Wer mag, püriert noch etwas Vanillepulver oder Zimt mit in die Smoothie-Bowl.

JOHANNISBEER-CRUMBLE
MIT LAKRITZSTREUSELN

Saftig-säuerliche Johannis-beeren gekrönt von knuspri-gen Mandelstreuseln – da schlägt das Genießerherz gleich höher. Ein tolles Dessert, das auch am nächsten Tag noch schmeckt. Dann sind die Streusel ein wenig weicher und schmecken wie Marzipan.

Für 2 Portionen

Für die Füllung
250 g Johannisbeeren (frisch oder TK)
1 TL Sukrin gold
Butter oder Kokosöl für die Form

Für die Streusel
50 g Mandelmehl
60 g entöltes Mandelmehl
1 TL Sukrin gold
1–2 TL rohes Lakritzpulver
1 Msp. Vanillepulver
50 g Butter

Für den Dip
100 g Crème fraîche
1 Msp. Vanillepulver

1) Frische Johannisbeeren waschen, abtropfen lassen, mit einer Gabel die Beeren von den Stielen streifen. Frische Johannisbeeren bzw. unaufge-taute TK-Johannisbeeren in einer gefetteten Tar-te- oder Auflaufform (etwa 20 x 10 cm) verteilen, Sukrin gold darüber streuen.

2) Beide Mandelmehlsorten mit Sukrin gold, Lakritzpulver und Vanillepulver mischen. Butter zufügen und mit den Knethaken des Handrühr-geräts oder den Händen zu Streuseln verarbeiten. Streusel über den Beeren verteilen. Crumble im vorgeheizten Backofen bei 150 °C (Ober- und Un-terhitze) 30–40 Minuten backen. Falls die Streusel zu dunkel werden, zwischendurch mit Alufolie abdecken. Nach der Backzeit Crumble heraus-nehmen und etwas abkühlen lassen.

3) Für den Dip Crème fraîche mit Vanillepulver verrühren. Crumble lauwarm oder kalt mit dem Dip servieren.

TO-GO-TIPP Besonders praktisch ist es, den Crum-ble in einer Tarteform zu backen, zu der es einen passenden Deckel gibt. So lässt sich der Crumble gleich perfekt für den Transport verschließen.

TIPP Statt Johannisbeeren können Sie auch Him-beeren oder Heidelbeeren nehmen. Oder eine leckere Beerenmischung.

ZITRONEN-KOKOS-TASSENKUCHEN

Für 1 Tassenkuchen

½ unbehandelte Zitrone
1 Ei (Größe M)
1 EL Kokosmilch
1 gestrichener TL Stevia-Streusüße
1 EL Kokosmehl
1 TL Kokosraspel
¼ TL Weinstein-Backpulver
Salz
nach Belieben 1 Klecks Crème fraîche
    und Zitronenzesten zum Garnieren

1) Die Zitrone waschen, Schale abreiben und Saft auspressen. Ei mit Zitronenschale, Zitronensaft, Kokosmilch und Stevia-Streusüße in einer größeren Tasse verquirlen. Kokosmehl, Kokosraspel, Weinstein-Backpulver und 1 Prise Salz mischen und unter die Ei-Zitronen-Creme rühren.

2) Teig in der Tasse in der Mikrowelle bei 800 Watt 1–1 ½ Minuten backen (Stäbchenprobe). Nach Belieben mit einem Klecks Crème fraîche und Zitronenzesten garnieren.

SCHOKO-KARAMELL-TASSENKUCHEN

Für 1 Tassenkuchen

1 Ei (Größe M)
2 EL Schlagsahne
einige Tropfen Stevia-Drops mit Kara-
    mell-Geschmack
1 EL Leinsamenmehl
2 TL Mandelmehl
1 TL rohes Kakaopulver
¼ TL Weinstein-Backpulver
Salz
nach Belieben 1 Klecks Crème fraîche,
    Kakaonibs und 1 Kirsche zum Gar-
    nieren

1) Ei, Sahne und Stevia-Drops in einer größeren Tasse verrühren. Leinsamenmehl, Mandelmehl, Kakaopulver, Weinstein-Backpulver und Salz mischen und unter die Eimasse rühren.

2) Den Teig in der Tasse in der Mikrowelle bei 800 Watt 1–1 ½ Minuten backen (Stäbchenprobe). Nach Belieben mit einem Klecks Crème fraîche, Kakaonibs und einer Kirsche garnieren.

TIPP Der Schoko-Karamell-Tassenkuchen schmeckt durch das rohe Kakaopulver schokoladig-herb. Wer ihn etwas süßer mag, gibt noch ein wenig Stevia-Streusüße hinzu.

MUG CAKE

DER TEIG FÜR DEN TASSENKUCHEN
IST SO SCHNELL ZUSAMMENGERÜHRT
UND GEBACKEN, DASS SIE DAS KLEINE
KÜCHLEIN VIELLEICHT SOGAR FRISCH
IN DER BÜRO-MIKROWELLE ZUBEREITEN
KÖNNEN.

HUSCH, HUSCH INS KÖRBCHEN! WENN ES SICH UM SO EIN LECKERES
KÖRBCHEN AUS PARMESAN UND SCHWARZKÜMMELSAMEN HANDELT,
MACHEN DAS DIE SALATZUTATEN BESONDERS GERNE.

HERBST

Viele bedauern, wenn der Sommer sich langsam verabschiedet und die Tage wieder kühler und kürzer werden. Doch der Herbst hat auch wunderbare Seiten. Ein Spaziergang durch den bunten Laubwald ist einfach herrlich. Aber auch kulinarisch gesehen kann der Herbst punkten. Jetzt ist es an der Zeit, die im Sommer geernteten Gaben zu verarbeiten und zu verzehren. Bei den Zutaten kann man also aus dem Vollen schöpfen.

WOHLIGE WÄRME VON INNEN

Zu dieser Jahreszeit schmecken wärmende Suppen, knusprige Quiches und ein deftiges Gulasch ganz besonders gut. Auch mit köstlichen Gewürzen lässt sich von innen wohlige Wärme erzeugen. Zum Beispiel mit Curry, Kreuzkümmel, Ingwer, Chili und Vanille. Davon ist in den Rezepten auf den nächsten Seiten reichlich enthalten.

BUNTE
SCHÜTTELQUICHE

Geschüttelt, nicht gerührt! Das gilt nicht nur beim Wodka Martini, dem Lieblingsdrink von James Bond, sondern auch bei dieser Quiche. Alle Zutaten werden kräftig geschüttelt, sodass sie sich gut miteinander verbinden. Dann einfach alles in die Form füllen und backen.

Für 2 Portionen

Für das Gemüse
1 Zucchini
1 gelbe Paprikaschote
1 rote Paprikaschote
150 g Kirschtomaten
3 Lauchzwiebeln
1 Knoblauchzehe
1 rote Chilischote
3 Zweige Thymian

Für die Käsecreme
3 Eier (Größe M)
200 g Hüttenkäse / körniger Frischkäse
Salz
frisch gemahlener weißer Pfeffer
150 g Gouda

1) Das Gemüse waschen. Zucchini und Paprika in kleine Stücke schneiden, Kirschtomaten halbieren oder vierteln, Lauchzwiebeln in Ringe schneiden. Das ganze Gemüse in eine große Schüssel (mit passendem Deckel) füllen.

2) Knoblauchzehe abziehen und hacken. Chili längs aufschneiden, entkernen, waschen und in Ringe schneiden. Thymian waschen, trocken schütteln, Blätter abzupfen und fein hacken. Knoblauch, Chili und Thymian zum Gemüse in die Schüssel geben.

3) Eier glatt verrühren, dann Hüttenkäse unterrühren und mit Salz und Pfeffer würzen. Den Gouda reiben und mit dem Eier-Hüttenkäse-Mix zum Gemüse in die Schüssel geben. Schüssel mit dem Deckel verschließen und alles kräftig schütteln.

4) Masse in eine mit Backpapier ausgelegte Spring- oder Tarteform füllen und im vorgeheizten Backofen bei 200 °C (Ober- und Unterhitze) 40–45 Minuten backen. Dann herausnehmen und auskühlen lassen.

TO-GO-TIPP Schüttelquiche einfach in Tortenstücke oder kleine Quadrate schneiden und mitnehmen. Um die Quiche gut in Stücke schneiden zu können, sollte sie kalt sein, heiß fällt sie leicht auseinander. Sie schmeckt aufgewärmt oder kalt gleichermaßen gut. Sie können statt einer großen Quiche auch zwei kleine Quiches backen, so haben Sie gleich eine entsprechende Portion zum Mitnehmen parat.

TIPP Dazu schmeckt ein Klecks griechischer Sahnejoghurt oder Pesto (Rezept siehe S. 92).

SCHNELLE FISCHSUPPE
MIT AIOLI

Eine leichte, bekömmliche Suppe, die ruck, zuck fertig ist und ganz einfach gelingt. Dank des Fenchels und des Staudenselleries schmeckt sie wunderbar frisch. Sie eignet sich auch als Vorspeisensüppchen, wenn Gäste da sind.

Für 2 Portionen

Für die Suppe
300 g Fischfilet (z. B. Kabeljau)
Saft von 1 Zitrone
1 Zwiebel
4 Stangen Sellerie
1 Knolle Fenchel
8 Kirschtomaten
1–2 EL Olivenöl
750 ml Gemüsebrühe
1 Lorbeerblatt
50 g Tiefseekrabbenfleisch
Salz
frisch gemahlener weißer Pfeffer

Für die Aioli
1 Knoblauchzehe
3 EL Mayonnaise

1) Fischfilet waschen, trocken tupfen und in Würfel schneiden. 1 EL Zitronensaft für die Aioli beiseitestellen, den Fisch mit dem restlichen Zitronensaft beträufeln und kalt stellen.

2) Zwiebel abziehen und fein würfeln. Sellerie und Fenchel waschen und in Scheiben schneiden. Frische, junge Innenblätter des Selleries (falls vorhanden) abzupfen, fein schneiden und beiseitelegen. Die Tomaten waschen und halbieren oder vierteln.

3) Öl in einem Topf erhitzen. Zwiebelwürfel darin anschwitzen, Sellerie- und Fenchelscheiben zufügen und ebenfalls kurz anschwitzen, dann mit Gemüsebrühe ablöschen. Lorbeerblatt zufügen und die Suppe etwa 5 Minuten köcheln lassen.

4) Die Fischstücke zufügen und weitere 8–10 Minuten köcheln lassen. Kurz vor Ende der Garzeit Krabbenfleisch und Tomaten unterrühren und erwärmen lassen. Die Suppe mit Salz und Pfeffer abschmecken.

5) Für die Aioli Knoblauch abziehen und pressen, mit Mayonnaise und 1 EL Zitronensaft verrühren und mit Salz und Pfeffer abschmecken. Die Fischsuppe mit Aioli und fein geschnittenen Sellerieblättern anrichten.

TO-GO-TIPP Suppe und Aioli separat mitnehmen. Die Suppe im Büro erwärmen und dann mit einem Klecks Aioli und evtl. den fein geschnittenen Sellerieblättern anrichten. Wer mehr Hunger hat, isst noch ein Stück LCHF-Brot dazu, zum Beispiel das Sandwichbrot von S. 168.

SZEGEDINER ONE-POT-
WURSTGULASCH

Das Szegediner Gulasch ist ein Klassiker der Wiener Küche. Bei dieser Variante werden aber keine Schweine- oder Rindfleischwürfel verwendet, sondern Würstchen. Das geht viel schneller, und es lassen sich prima Würstchenreste vom Grillabend zuvor verwerten.

Für 2 Portionen

3 fertig gegrillte Würstchen
    (z. B. Thüringer Bratwürste, Krakauer
    oder Geflügelwürstchen)
1 Kabanossi
2 Zwiebeln
1 Knoblauchzehe
1 rote Paprikaschote
1 EL Butterschmalz
1 EL Tomatenmark
250 g Sauerkraut
Salz
frisch gemahlener schwarzer Pfeffer
edelsüßes Paprikapulver
750 ml Gemüsebrühe
½ Bund Schnittlauch
4 EL Crème fraîche

1) Gegrillte Würste und Kabanossi in Scheiben schneiden und beiseitestellen. Zwiebeln und Knoblauch abziehen, Zwiebeln in Spalten schneiden, Knoblauch fein hacken. Paprika waschen und in Streifen schneiden. Butterschmalz in einem Bräter erhitzen, Zwiebeln, Knoblauch und Tomatenmark darin anschwitzen. Sauerkraut und Paprikastreifen zufügen und weitere 5 Minuten anbraten, mit Salz, Pfeffer und Paprikapulver würzen. Brühe angießen und zugedeckt 15–20 Minuten garen.

2) Wurstscheiben unterheben und erwärmen lassen. Schnittlauch waschen, in Röllchen schneiden und mit Crème fraîche verrühren. Die Hälfte der Schnittlauch-Crème-fraîche unter das Gulasch rühren. Das Wurstgulasch anrichten und mit der übrigen Schnittlauch-Crème-fraîche servieren.

TO-GO-TIPP Das Gulasch in einer Plastikbox mitnehmen und im Büro kurz erwärmen. Mit der übrigen Schnittlauch-Crème-fraîche anrichten.

TIPP 1 Keine fertig gegrillten Würstchen zur Hand? Kein Problem, dann einfach frische Würstchen in Scheiben schneiden und vor allen anderen Zutaten in heißem Butterschmalz unter Wenden etwa 5 Minuten anbraten. Herausnehmen und beiseitestellen. Zum Schluss, wie im Rezept angegeben, zum Gulasch geben und erwärmen.

TIPP 2 Wer das Gulasch gebundener mag, gibt noch ein wenig Guarkernmehl oder Johannisbrotkernmehl zum Andicken dazu.

HERINGSSTIPP

Für 1 Portion

½ Apfel
½ Gemüsezwiebel
2 Gewürzgurken
1 doppeltes Bismarck-Heringsfilet
2 EL Mayonnaise
2 EL griechischer Joghurt
1 TL mittelscharfer Senf
3 Stängel Dill
Salz
frisch gemahlener weißer Pfeffer
frisch zerstoßene rosa Beeren/
    rosa Pfeffer
einige Kapernäpfel zum Anrichten

1) Apfel waschen, vierteln, Kerngehäuse herausschneiden und Apfelviertel in Stücke schneiden. Zwiebel abziehen und in Streifen schneiden, Gewürzgurken in Scheiben schneiden. Hering abspülen, trocken tupfen und in Stücke schneiden.

2) Mayonnaise, Joghurt und Senf verrühren. Dill waschen, trocken schütteln, Blättchen fein hacken und unter die Creme rühren, mit Salz und Pfeffer würzen. Apfel, Zwiebel, Gurke und Hering mit der Creme verrühren, mit zerstoßenen rosa Beeren bestreuen und mit Kapernäpfeln anrichten.

TO-GO-TIPP Der Heringsstipp kann am Vorabend fix und fertig vorbereitet werden. Morgens einfach einpacken und unterwegs genießen.

TIPP Dazu passt das Kohl-Kern-Brot von S. 122.

KÄSE-WALNUSS-COCKTAIL

Für 2 Portionen

200 g Comté-Käse
50 g Walnusskerne
½ Pink Grapefruit
3 EL Mayonnaise
1 EL Crème fraîche
1 TL Senf
½ Bund Schnittlauch
Salz
frisch gemahlener weißer Pfeffer
2 Römersalatherzen

1) Den Käse in kleine Würfel oder Stifte schneiden. Die Walnusskerne grob hacken. Die Grapefruit so schälen, dass die weiße Haut vollständig entfernt ist. Dann die Filets zwischen den Trennhäuten herausschneiden und in kleine Stücke schneiden, den Saft aus den Trennhäuten drücken.

2) Mayonnaise mit Crème fraîche, Senf und 1–2 EL Grapefruitsaft glatt rühren. Schnittlauch waschen, in feine Röllchen schneiden und unter das Dressing rühren, dieses mit Salz und Pfeffer abschmecken.

3) Käse, Walnüsse und Grapefruitstücke unter das Dressing heben.

4) Die Blätter vom Salat ablösen, waschen und abtropfen lassen. Den Cocktail in den Salatblättern anrichten bzw. dazu essen.

TIPP Mit ein paar Rohkost-Sticks (z. B. Paprika) dazu nehmen Sie noch eine Extraportion Gemüse auf.

PILZ-TATAR IM GLAS
MIT SERRANOSCHINKEN-CHIPS

Ein wunderbar herbstliches Gericht mit aromatischen Pilzen. Je nachdem, welche Pilze Sie frisch am Markt bekommen, können Sie variieren. Steinpilze sind zum Beispiel auch eine Delikatesse.

Für 1 Portion

150 g Champignons
100 g Pfifferlinge
2 Schalotten
2 Frühlingszwiebeln
2 TL Ghee
2 Stängel Petersilie
2–3 Scheiben Serranoschinken
1 EL Zitronensaft
Salz
frisch gemahlener schwarzer Pfeffer

1) Die Pilze abbürsten, putzen und fein würfeln. Die Schalotten abziehen und ebenfalls fein würfeln. Die Frühlingszwiebeln waschen und in feine Ringe schneiden. 1 TL Ghee in einer Pfanne erhitzen, die Pilze darin unter Wenden goldbraun braten. Schalottenwürfel und Lauchzwiebelringe zugeben und kurz mitbraten, dann vom Herd nehmen und abkühlen lassen.

2) Die Petersilie waschen, trocken schütteln, Blätter abzupfen und fein hacken. Die Schinkenscheiben in größere, ungleichmäßige Stücke zupfen. Das restliche Ghee in einer Pfanne erhitzen, Schinkenstücke darin knusprig braten, dann herausnehmen und auf Küchenpapier abtropfen lassen.

3) Gehackte Petersilie unter das Pilz-Tatar heben, mit Zitronensaft, Salz und Pfeffer abschmecken. Tatar in ein Weck-Gläschen füllen, Schinken-Chips hineinstecken.

TO-GO-TIPP Pilz-Tatar in ein Weck-Gläschen füllen und gut verschließen. Schinken-Chips entweder direkt dazustecken oder – wer sie besonders knusprig haben möchte – separat mitnehmen.

TIPP Statt Serranoschinken können Sie auch Frühstücksspeck nehmen und die Speckscheiben entweder in der Pfanne oder im Ofen knusprig braten. Im Ofen funktioniert es so: Speckscheiben auf ein mit Backpapier ausgelegtes Blech legen und im vorgeheizten Backofen bei 225 °C (Ober- und Unterhitze) etwa 12 Minuten backen. Dann herausnehmen und auf Küchenpapier abtropfen lassen, ausgekühlte Scheiben in kleine Stücke brechen.

WIRSING-WRAPS
MIT ROSTBRATWÜRSTCHEN

Ein Wrap mal ganz ohne Teig und daher besonders LCHF-geeignet. Der Trick sind Wirsingblätter, die den Pfannkuchen ersetzen. Darin eingewickelt werden saftige Würstchen und eine cremige Eisauce.

Für 1 Portion

6 Wirsingblätter
Salz

Für die Füllung
1 Ei
3–4 EL Mayonnaise
1 TL Essig
3 Stängel Petersilie
2 kleine Gewürzgurken
frisch gemahlener schwarzer Pfeffer
6 fertig gebratene oder gegrillte
   Rostbratwürstchen

1) Wirsingblätter portionsweise für 3–4 Minuten in kochendes Salzwasser geben und blanchieren. Die Blätter mit einer Schaumkelle herausnehmen, in ein Sieb geben, mit kaltem Wasser abschrecken, abtropfen lassen und trocken tupfen. Die dicken Blattrippen flach schneiden.

2) Für die Creme das Ei in 10 Minuten hart kochen, abschrecken und abkühlen lassen, dann pellen und fein hacken. Mayonnaise mit Essig glatt rühren. Petersilie waschen, trocken schütteln, Blätter abzupfen und fein hacken. Die Gewürzgurken ebenfalls fein hacken. Gehackte Petersilie, Gurke und Ei unter die Creme rühren und mit Salz und Pfeffer abschmecken.

3) Die Wirsingblätter flach auf die Arbeitsfläche legen. Jeweils ein fertig gegartes Rostbratwürstchen und etwas Creme in die Mitte der Wirsingblätter geben. Zuerst seitlich einschlagen, dann zu einer Roulade zusammenrollen und mit dem Rest Dip servieren.

TO-GO-TIPP Die Wirsing-Wraps lassen sich zu Hause fix und fertig aufrollen. Evtl. mit einem Zahnstocher fixieren oder mit einer Manschette umwickeln. In Frischhaltefolie oder eine Plastikbox verpackt mitnehmen. Restlichen Dip separat verpacken.

TIPP 1 Keine fertig gebratenen oder gegrillten Würstchen zur Hand? Kein Problem, dann einfach frische Würstchen rasch braten oder grillen, etwas auskühlen lassen und, wie im Rezept beschrieben, verwenden.

TIPP 2 Statt Wirsing können Sie auch Mangold verwenden.

DAZU DUFTENDE TOMATEN-HEFE-BRÖTCHEN

Für 5–6 Brötchen: ½ Würfel Hefe | 4–5 EL lauwarme Milch | ¼ TL Kokosblütenzucker |
200 g Quark | 2 Eier (Größe L) | 4 EL Haferkleie | 4 EL Kartoffelfasern | 3 EL Eiweißpulver |
2 EL Flohsamenschalen | 1 TL Weinstein-Backpulver | Salz | 50 g getrocknete Tomaten |
getrockneter Oregano

Zerbröckelte Hefe mit Milch und Kokosblütenzucker 10 Minuten gehen lassen. Quark und Eier verquirlen. Trockene Zutaten mischen, Tomaten klein schneiden. Hefemilch, Oregano, Tomaten und trockene Zutaten unter die Quark-Ei-Masse rühren. Teig kurz quellen lassen. Mit angefeuchteten Händen 5–6 Brötchen daraus formen und auf ein mit Backpapier belegtes Backblech legen. Im vorgeheizten Backofen bei 150 °C (Ober- und Unterhitze) etwa 30 Minuten backen.

CREMIGE TOMATENSUPPE
MIT GERÖSTETEM HACK UND SALZMANDELN

Eine gute Tomatensuppe schmeckt immer. Diese hier sorgt für ein besonders tolles Mundgefühl: sahnige Suppe, kernige Salzmandeln und mit einem Hauch Zimt gewürztes Hack (ja, das passt herrlich zusammen!).

Für 2 Portionen

Für die Salzmandeln
100 g Mandelkerne (mit Haut)
2 EL Eiweiß
1 TL Salz

Für die Suppe
1 Zwiebel
1 Knoblauchzehe
2 TL Kokosöl
175 g Rinderhackfleisch
Salz
frisch gemahlener weißer Pfeffer
Zimt
1 EL Tomatenmark
1 große Dose Tomaten
125 ml Gemüsebrühe
2 Stängel Petersilie
50 g Schlagsahne
1 EL heller Balsamico-Essig

1) Für die Salzmandeln die Mandelkerne auf einem mit Backpapier ausgelegten Backblech verteilen. Im vorgeheizten Backofen bei 180 °C (Ober- und Unterhitze) 10–15 Minuten rösten. Eiweiß mit einem Schneebesen leicht anschlagen und das Salz unterheben. Die Mandeln aus dem Ofen nehmen und heiß zum Eiweiß geben. Gut vermischen und wieder auf dem Blech verteilen, in den noch heißen Ofen schieben und etwa 5 Minuten trocknen lassen, bis das Eiweiß fest geworden ist. Dann herausnehmen und abkühlen lassen.

2) Für die Suppe Zwiebel und Knoblauch abziehen und würfeln. 1 TL Kokosöl in einem Topf erhitzen, Hack darin krümelig braten, mit Salz, Pfeffer und Zimt würzen und herausnehmen. Das restliche Kokosöl im gleichen Topf erhitzen und Zwiebel und Knoblauch darin anschwitzen. Tomatenmark zugeben und ebenfalls anschwitzen. Tomaten und Brühe angießen, mit Salz und Pfeffer würzen und zugedeckt etwa 15 Minuten köcheln lassen.

3) Die Petersilie waschen, trocken schütteln, Blätter abzupfen und fein hacken. Die Suppe mit einem Pürierstab fein pürieren und Sahne unterrühren. Suppe mit Salz, Pfeffer und Essig abschmecken und mit Hack, Petersilie und einigen grob gehackten Salzmandeln in Suppentellern oder -schälchen anrichten.

TO-GO-TIPP Suppe im Büro erhitzen und frisch mit Hack, Petersilie und Salzmandeln bestreuen.

TIPP Übrige Salzmandeln eignen sich super als kerniges Topping für Salate und Co.

CHEDDAR-FRIKADELLEN

AUF CRUNCHY MANGOLD

Die kleinen Cheddar-Stücke bringen leckeres Aroma, eine tolle Farbe und einen besonderen Schmelz in die Frikadellen. Beim Backen im Ofen kann der Käse ein wenig auslaufen, das tut dem Genuss aber keinen Abbruch.

Für 2 Portionen

Für die Frikadellen
1 Zwiebel
1 Knoblauchzehe
75 g Cheddar
400 g Rinderhack
1 Ei (Größe L)
1 TL Senf
Salz
frisch gemahlener schwarzer Pfeffer

Für das Mangoldgemüse
6 Scheiben Frühstücksspeck (Bacon)
30 g Cashewkerne
1 großer Mangold (ca. 700 g)
1 EL Butter

1) Für den Hackteig Zwiebel und Knoblauch abziehen und fein hacken. Cheddar in kleine Würfel schneiden. Rinderhack mit Ei und Senf verkneten. Dann Zwiebeln, Knoblauch und Käse unterheben und mit Salz und Pfeffer würzen. 6–8 Frikadellen daraus formen und auf ein mit Backpapier belegtes Backblech legen. Im vorgeheizten Backofen bei 200 °C (Ober- und Unterhitze) 20–25 Minuten backen.

2) Für das Mangoldgemüse den Speck quer in schmale Streifen schneiden und in einer heißen Pfanne ohne zusätzliches Fett knusprig braten. Die Cashewkerne grob hacken, zum Speck geben und mit anrösten, dann Speck und Cashewkerne aus der Pfanne nehmen.

3) Die Mangoldblätter waschen und abtropfen lassen, die Blätter längs halbieren und in Streifen schneiden. Butter im Speckfett erhitzen und den Mangold darin anschwitzen. Dann 100 ml Wasser angießen und zugedeckt etwa 10 Minuten dünsten, mit Salz und Pfeffer würzen. Den Mangold mit den Speck-Cashewkernen und den Cheddar-Frikadellen anrichten.

TO-GO-TIPP Sie können die Frikadellen und den Mangold zusammen in einem Gefäß mitnehmen und im Büro erwärmen. Die Speck-Cashewkerne am besten erst vor dem Servieren darüberstreuen, damit sie nicht durchweichen.

LUXUS-LEBERWURST
AUF KOHL-KERN-BROT

Eine fertige Leberwurst lässt sich mit wenigen Handgriffen zu einem raffinierten Aufstrich veredeln. Er schmeckt großartig auf einem Brot, das zu einem Großteil aus Gemüse besteht.

Für 2–3 Portionen

Für die Leberwurst
1 Schalotte
½ kleiner Apfel
3 Zweige Thymian
1 TL Butter
Salz
frisch gemahlener schwarzer Pfeffer
125 g feine Kalbsleberwurst
2 EL Schlagsahne

Für das Kohl-Kern-Brot
300 g Weißkohl oder Spitzkohl
200 g Blumenkohl
4 Eier (Größe M)
100 g Kartoffelfasern
100 g Kürbiskerne
100 g geschroteter goldener Leinsamen
50 g Pinienkerne
50 g gehackte Mandelkerne
2 EL Flohsamenschalen

1) Für die Leberwurst die Schalotte abziehen und sehr fein würfeln. Den Apfel schälen, entkernen und ebenfalls sehr fein würfeln. Den Thymian waschen, trocken schütteln und Blätter abzupfen. Butter in einer Pfanne erhitzen und Schalottenwürfel im heißen Fett kurz anschwitzen. Apfel und Thymian zufügen und unter Rühren etwa 5 Minuten anschwitzen, bis die Apfelstückchen weich sind. Mit Salz und Pfeffer würzen und auskühlen lassen.

2) Leberwurst und Sahne cremig rühren und Apfel-Schalotten-Mix unterrühren.

3) Für das Brot beide Kohlsorten waschen, in grobe Stücke schneiden und in der Küchenmaschine fein zerkleinern. Eier zugeben und mit dem Kohl zu einer glatten Creme pürieren.

4) Die restlichen Zutaten in einer Rührschüssel mischen. Eier-Kohl-Creme zugeben und alles gut vermischen. Mit Salz und Pfeffer würzen. Den Teig in eine gut gefettete oder mit Backpapier ausgelegte Brotform füllen und im vorgeheizten Backofen bei 150 °C (Ober- und Unterhitze) etwa 80 Minuten backen. Herausnehmen und auskühlen lassen.

TO-GO-TIPP Zwei Brotscheiben mit Leberwurst bestreichen, zusammenklappen, einpacken und mitnehmen. Oder Leberwurst direkt vor dem Verzehr auf das Brot streichen.

TIPP Ein paar Kirschtomaten oder ein knackiger Salat passen wunderbar dazu.

TO-GO-TIPP Sie können das Antipasti-Gemüse schon mit dem Salat mischen. Der Römersalat ist eine knackige, feste Salatsorte und behält gut den Biss.

TIPP Die übrige Focaccia schmeckt prima zu verschiedenen Suppen und Salaten. Wenn sie schon ein, zwei Tage alt ist, vor dem Genuss am besten kurz auf den Toaster legen.

WÜRZIGES ANTIPASTI-GEMÜSE

Viel gesünder und leckerer geht es kaum: ein großer Teller voll mit aromatischem Gemüse, gutem Olivenöl und knackigem Salat. Dazu gibt es einen Happen Focaccia – auch das lässt sich LCHF-konform umsetzen.

Für 2 Portionen

Für das Antipasti-Gemüse
½ kleiner Blumenkohl
125 g Champignons
1 Karotte
1 Knoblauchzehe
1 Zwiebel
2 Zweige Rosmarin
Olivenöl
Salz
frisch gemahlener schwarzer Pfeffer
50 g schwarze Oliven
4 EL Balsamico-Essig
1 Römersalatherz
½ Bund Rucola

Für die Focaccia
100 g Cashewmus
3 Eier (Größe L)
3 EL Eiweißpulver
1 ½ Päckchen Weinstein-Backpulver
Ursalz
Fleur de Sel

1) Den Blumenkohl waschen und in Röschen teilen. Die Pilze putzen, evtl. waschen und je nach Größe ganz lassen, halbieren oder vierteln. Die Karotte schälen, waschen, längs halbieren und in Stücke schneiden. Knoblauch und Zwiebel abziehen und fein würfeln. Rosmarin waschen, trocken schütteln, Nadeln abstreifen und hacken.

2) 2 EL Öl in einer Pfanne erhitzen. Pilze darin kräftig anbraten, mit Salz und Pfeffer würzen und herausnehmen. 3 EL Öl im Bratfett erhitzen, Blumenkohl und Karotten darin anbraten. Zwiebel, Knoblauch und Rosmarin kurz mitbraten und mit Salz und Pfeffer würzen.

3) Etwa 100 ml Wasser angießen und bei starker Hitze 4–5 Minuten köcheln, bis es fast verdampft ist. Pilze, Oliven und Essig zufügen, mit Salz und Pfeffer abschmecken und zimmerwarm abkühlen lassen.

4) Römersalat und Rucola waschen und abtropfen lassen. Den Römersalat in Streifen schneiden oder klein zupfen und zusammen mit dem Rucola unter das Antipasti-Gemüse heben.

5) Für die Focaccia Cashewmus mit Eiern verrühren. Eiweißpulver mit Backpulver und Ursalz mischen und unter die Cashew-Eier-Masse ziehen. Eine rechteckige Springform oder eine Kastenform mit Backpapier auslegen und zusätzlich mit etwas Olivenöl einpinseln. Den Teig in die Form füllen, nochmals mit etwas Olivenöl beträufeln und mit Fleur de Sel bestreuen. Im vorgeheizten Backofen bei 150 °C (Ober- und Unterhitze) etwa 30 Minuten backen.

BROKKOLI-TABOULÉ
MIT CREMIGEM ERDNUSS-DRESSING

Der Brokkoli wird hier roh verzehrt. Keine Sorge, das ist keineswegs giftig, sondern sehr gesund, da so die hitzeempfindlichen Enzyme erhalten bleiben. Wer einen sensiblen Magen hat, sollte jedoch erst einmal eine kleine Menge probieren, um zu testen, ob er es gut verträgt.

Für 2–3 Portionen

Für das Brokkoli-Taboulé
1 Brokkoli
1 Stück Ingwer
1 rote Chilischote
1 Bund Petersilie
1 Bund Minze
1 unbehandelte Zitrone
1–2 EL Sesamsaat
Salz
frisch gemahlener schwarzer Pfeffer
gemahlene Kreuzkümmelsamen

Für das Erdnuss-Dressing
100 g cremige Erdnussbutter
2 EL Weißweinessig
3 EL Tamari (glutenfreie Sojasauce)
2 EL kalt gepresstes Olivenöl
1 EL Erdnussöl

Außerdem
2–3 EL geröstete, gesalzene Erdnüsse

1) Für das Taboulé den Brokkoli waschen und mitsamt Strunk grob in Stücke schneiden. Den Ingwer schälen, die Chili waschen, aufschneiden und entkernen, die Kräuter waschen, trocken schütteln und die Blätter abzupfen. Brokkoli, Ingwer, Chili, Petersilie und Minze in der Küchenmaschine zerkleinern, am besten mit Pulse-Funktion (kurze Impulse), damit der Brokkoli noch Struktur hat und nicht zu Mus wird. Die Mischung in eine Schüssel umfüllen. Zitrone heiß abwaschen, Schale abreiben, dann Frucht halbieren und Saft auspressen. Saft und Abrieb zusammen mit dem Sesam unter den Brokkoli rühren. Das Taboulé mit Salz, Pfeffer und Kreuzkümmel abschmecken.

2) Für das Dressing Erdnussbutter, Essig, Tamari und etwa 100 ml Wasser glatt verquirlen. Zum Schluss Olivenöl und Erdnussöl unterschlagen und mit Salz und Pfeffer abschmecken. Das Brokkoli-Taboulé mit dem Dressing mischen und die gerösteten, gesalzenen Erdnüsse darüberstreuen.

TO-GO-TIPP Taboulé und Dressing können Sie mischen und sofort mitnehmen. Der Salat zieht dann richtig durch und wird schön saftig.

HÄHNCHENSATÉ
MIT AVOCADO-TATAR

Dieses Gericht bereitet sich über Nacht schon fast von alleine zu. Die Hähnchenspieße saugen dann nämlich alle Aromen der Marinade auf und müssen morgens nur noch gegart werden. Das Avocado-Tatar mit Ingwer und Koriander vollendet die asiatische Note.

Für 1–2 Portionen

Für das Hähnchensaté
300 g Hähnchenfilet
1 Knoblauchzehe
1 Stück Ingwer (3–4 cm)
Olivenöl
1 EL Limettensaft
Kokosöl oder Ghee zum Braten

Für das Avocado-Tatar
1 kleine rote Zwiebel
1 Avocado
2 EL Zitronensaft
Salz
frisch gemahlener weißer Pfeffer
2 Stängel Koriander

Außerdem
Schaschlikspieße

1) Das Fleisch waschen, trocken tupfen und in lange, dünne Streifen (2–3 cm breit) schneiden. Den Knoblauch abziehen und den Ingwer schälen. Beides fein hacken, die Hälfte des Ingwers für das Tatar beiseitestellen, die andere Hälfte mit Knoblauch, 1–2 EL Olivenöl und Limettensaft zu einer Marinade mischen. Fleisch darin einlegen und mindestens einige Stunden, am besten über Nacht, im Kühlschrank ziehen lassen.

2) Die Zwiebel abziehen und fein hacken. Die Avocado halbieren, Stein herauslösen, Fruchtfleisch aus der Schale lösen und in Stücke schneiden. Zitronensaft mit 2 EL Wasser, Salz und Pfeffer verrühren, dann 1 EL Olivenöl unterschlagen. Zwiebel, Ingwer und Avocadostücke mit der Vinaigrette mischen. Koriander waschen, trocken schütteln und unter das Avocado-Tatar heben.

3) Die Schaschlikspieße mit etwas Öl bestreichen. Das Fleisch aus der Marinade nehmen, mit Salz und Pfeffer würzen und wellenförmig auf die Holzspieße stecken. Bratfett in einer großen Pfanne erhitzen und Spieße darin rundherum etwa 8 Minuten braten. Die Satéspieße mit dem Avocado-Tatar anrichten.

TO-GO-TIPP Hähnchensaté und Avocado-Tatar separat mitnehmen und unterwegs zusammen verzehren. Die Satéspieße schmecken gleichermaßen kalt und aufgewärmt.

TIPP Keine Lust, morgens noch am Herd zu stehen und zu braten? Sie können die Hähnchensatés auch im Ofen zubereiten. Dazu einfach die Hähnchenspieße auf einem mit Backpapier ausgelegten Backblech im vorgeheizten Ofen bei 200 °C (Ober- und Unterhitze) 20–25 Minuten backen.

GEFÜLLTE TOMATEN
MIT FLEISCHSALAT

Fertiger Fleischsalat aus dem Supermarkt enthält neben Zucker häufig eine ganze Liste an Zusatzstoffen. Dabei ist er doch so schnell selbst gemacht und schmeckt sogar viel besser. Hier fungiert er als Füllung für Tomaten. Aber auch Gurkenhälften oder Paprikaschoten lassen sich damit füllen.

Für 2 Portionen

125 g Fleischwurst
1 Schalotte
3–4 Gewürzgurken
2 EL Mayonnaise
1 EL Gurkenwasser
Salz
frisch gemahlener schwarzer Pfeffer
4 große Tomaten
2 Handvoll Feldsalat

1) Die Fleischwurst zuvor 1–2 Stunden ins Tiefkühlfach legen, damit sie fester wird und sich gut in Streifen schneiden lässt. Dann die Fleischwurst pellen. Die Schalotte abziehen. Die Gewürzgurken abtropfen lassen. Fleischwurst, Schalotte und Gurken auf einer Haushaltsreibe in feine Streifen schneiden.

2) Die Mayonnaise mit dem Gurkenwasser glatt verrühren und mit Salz und Pfeffer würzen. Fleischwurst-, Schalotten- und Gurkenstreifen mit dem Dressing vermengen.

3) Tomaten waschen, einen Deckel abschneiden und entkernen. Das Innere mit Salz und Pfeffer würzen, den Fleischsalat hineinfüllen und die Tomatendeckel daraufsetzen. Den Feldsalat waschen, abtropfen lassen und auf Tellern verteilen, die gefüllten Tomaten darauf anrichten.

TO-GO-TIPP Zum Mitnehmen die Tomaten nicht zu voll füllen und mit dem Tomatendeckel verschließen. Entweder dicht an dicht in eine Plastikbox füllen oder einzeln fest in Frischhaltefolie einwickeln. Oder Sie nehmen Tomaten und Fleischsalat separat mit und füllen die Tomaten erst im Büro.

FRUCHTIGER COLESLAW
MIT CURRY-MACADAMIAS

Ein Coleslaw mit Pep! Grapefruit sorgt für Frische, Kreuzkümmel für orientalisches Aroma und die Curry-Macadamias für würzigen Biss. Dieser Coleslaw ist auch eine tolle Beilage zu Fleisch oder Geflügel.

Für 2 Portionen

Für den Coleslaw
¼ Weißkohl
3 Stangen Sellerie
1 rote Zwiebel
1 Pink Grapefruit
1 EL Weißweinessig
Salz
frisch gemahlener weißer Pfeffer
Olivenöl

Für die Curry-Macadamias
200 g Macadamiakerne
1 EL Currypulver
grobes Meersalz oder Fleur de Sel

Für das Dressing
3 EL Crème fraîche
2 EL Mayonnaise
1 TL Zitronensaft
½ TL gemahlene Kreuzkümmelsamen
2 Stängel Petersilie
2 Handvoll Feldsalat

1) Den Weißkohl waschen, vierteln und den Strunk entfernen. Die Selleriestangen waschen. Die Zwiebel abziehen und halbieren. Weißkohl, Sellerie und Zwiebel in feine Streifen schneiden.

2) Die Grapefruit so schälen, dass die weiße Haut vollständig entfernt wird. Filets mit einem scharfen Messer zwischen den Trennhäuten herauslösen und kalt stellen. Für die Marinade den Saft aus den Trennhäuten drücken.

3) 50 ml Grapefruitsaft, Essig, Salz und etwas Pfeffer verrühren, 1–2 EL Olivenöl unterschlagen. Die Marinade zum Gemüse geben und mit den Händen gut durchkneten. Zugedeckt mindestens 1 Stunde oder über Nacht ziehen lassen.

4) Für die Curry-Macadamias Macadamiakerne auf einem mit Backpapier ausgelegten Backblech verteilen und im vorgeheizten Backofen bei 150 °C (Ober- und Unterhitze) etwa 10 Minuten rösten. Herausnehmen, Macadamias mit 1 EL Olivenöl beträufeln, mit Currypulver und grobem Salz bestreuen, wenden und ggf. nochmals mit Currypulver und Salz bestreuen. Bei gleicher Temperatur weitere 5 Minuten im Ofen rösten, dann herausnehmen, auskühlen lassen und anschließend grob hacken.

5) Für das Dressing Crème fraîche, Mayonnaise, Zitronensaft und Kreuzkümmel verrühren. Die Petersilie waschen, trocken schütteln, Blätter abzupfen und fein hacken und zum Dressing geben. Mit Salz und Pfeffer abschmecken und Dressing mit dem Coleslaw mischen. Den Feldsalat waschen, abtropfen lassen und ebenfalls unter den Coleslaw mischen. Grapefruitfilets und einige Curry-Macadamias auf dem Coleslaw anrichten.

TO-GO-TIPP Der Coleslaw kann am Vorabend vorbereitet werden und über Nacht gut durchziehen. Er schmeckt auch noch am übernächsten Tag. Die Curry-Macadamias erst frisch vor dem Verzehr überstreuen, damit sie knackig bleiben.

TIPP Die Curry-Macadamias reichen für mehr als nur für diesen Coleslaw. Sie passen zum Beispiel auch super zu anderen Salaten oder Suppen. Einfach in ein Schraubglas füllen und kühl und trocken lagern.

SONNENSTRAHLEN-TARTE

Lass' die Sonne rein! Auch wenn sie draußen mal nicht scheint, sorgt diese knusprige Tarte schnell für heitere Stimmung. Abwechslung gefällig? Statt Lauch machen sich auch halbierte Zuckerschoten super zwischen den Karotten.

Für 2–3 Portionen

Für den Boden
80 g weiche Butter
75 g Leinsamenmehl
50 g Sesamsaat
30 g Kartoffelfasern
2 Eier (Größe M)
Salz

Für die Füllung
8 Mini-Karotten oder 1 große Karotte
1 Stange Porree/Lauch
200 g Crème fraiche
2 Eier (Größe M)
3–4 EL Schlagsahne
4 Stängel Kerbel
frisch gemahlener weißer Pfeffer
frisch geriebene Muskatnuss

1) Für den Teig Butter schmelzen. Leinsamenmehl, Sesamsaat und Kartoffelfasern mischen, geschmolzene Butter, Eier und Salz zufügen und alles zu einem glatten Teig verkneten. Eine Springform (26 cm Ø) mit Backpapier auslegen und den Teig hineindrücken, dabei auch einen kleinen Rand formen. Im vorgeheizten Backofen bei 150 °C (Ober- und Unterhitze) etwa 12 Minuten vorbacken, dann herausnehmen und die Temperatur auf 175 °C (Ober- und Unterhitze) erhöhen.

2) Die Karotten schälen und waschen, evtl. große Karotte in 8 Sticks schneiden. Karotten in einem Topf mit wenig Wasser zugedeckt 6–7 Minuten dünsten, herausnehmen und mit kaltem Wasser abschrecken. Den Porree waschen und in dünne Ringe schneiden. Crème fraîche, Eier und Sahne glatt rühren. Kerbel waschen, trocken schütteln, Blätter abzupfen und fein hacken und unter den Eierguss rühren. Mit Salz, Pfeffer und Muskat würzen. Die Hälfte des Porrees auf dem Boden verteilen, die Karotten speichenartig wie Sonnenstrahlen darauf verteilen, den übrigen Porree in den Zwischenräumen verteilen. Tarte mit Eierguss übergießen und im vorgeheizten Backofen bei 175 °C 30–35 Minuten backen.

TO-GO-TIPP Die Tarte schmeckt kalt oder aufgewärmt. Nach Belieben noch einen knackigen grünen Salat dazu essen.

KERNIGER HERBSTSALAT
IM PARMESAN-KÖRBCHEN

Die Körbchen aus geriebenem Parmesan gelingen ganz leicht und machen als Salat-Schüsselchen doch echt was her, oder? Ein Parmesan-Körbchen gefüllt mit Salat ist auch eine ideale Vorspeise. Zwei Stück reichen als Hauptgericht.

Für 2 Personen

Für die Parmesan-Körbchen
200 g Parmesan
Schwarzkümmelsamen

Für den Salat
25 g Pekankerne
1 TL Kokosöl
50 g Speckwürfel oder Katen-
    schinkenwürfel
½ Radicchio-Salat
2 Handvoll Feldsalat
60 g Kirschtomaten

Für das Thousand-Island-Dressing
2 EL Mayonnaise
1 EL Tomatenmark
1 EL Senf
1 EL griechischer Joghurt
1 TL Weißweinessig
2–3 EL Schlagsahne
edelsüßes Paprikapulver
Salz
frisch gemahlener weißer Pfeffer

1) Den Parmesan fein reiben und mit etwas Schwarzkümmel mischen. Einen Bogen Backpapier in 4 gleich große Stücke schneiden. Auf jedes Viertel einen Kreis von 14 cm Ø einzeichnen. Die Backpapierstücke auf ein Blech legen und jeweils ein Viertel des Parmesans auf einem Kreis verteilen. Im vorgeheizten Backofen bei 200 °C (Ober- und Unterhitze) 7–8 Minuten backen. Herausnehmen und die Parmesankreise sofort mithilfe des Backpapiers über umgedrehte Gläser oder Schälchen legen. Das Backpapier abziehen und die Parmesankreise vorsichtig andrücken, dabei evtl. ein Küchenhandtuch zu Hilfe nehmen. Den Parmesan auskühlen lassen.

2) Die Pekankerne hacken und in einer Pfanne ohne Fett rösten, bis sie beginnen zu duften, dann herausnehmen und auskühlen lassen. Öl in der Pfanne erhitzen und Speckwürfel darin unter Wenden 3–4 Minuten knusprig auslassen, dann herausnehmen.

3) Den Radicchio in Blätter teilen, waschen und in mundgerechte Stücke zupfen. Den Feldsalat waschen und gut abtropfen lassen. Die Tomaten waschen und vierteln.

4) Für das Dressing alle Zutaten mit dem Stabmixer glatt pürieren. Salat und Tomaten in den Parmesankörbchen anrichten, das Dressing darüberträufeln und die Pekankerne sowie Speckwürfelchen darüberstreuen. Evtl. übrige Salatzutaten und Dressing mit auf dem Teller anrichten.

TO-GO-TIPP Parmesankörbchen, Salatzutaten und Dressing separat mitnehmen und erst frisch vor dem Verzehr die Körbchen befüllen.

CHEESECAKE-MUFFINS
MIT ZWETSCHGEN

Lecker hoch drei! Diese Muffins schmecken cremig, saftig und fruchtig zugleich. Sie sind so „schmatzig", dass ein weiterer Klecks Schlagsahne zum Servieren nicht wirklich nötig ist.

Für etwa 6 Muffins

Für den Boden
25 g Butter
50 g Mandelmehl
1 EL Chiasamenmehl
Salz

Für die Quarkcreme
1 Ei (Größe M)
225 g Doppelrahm-Frischkäse
1 Msp. Vanillepulver
2 TL Sukrin melis
frisch geriebene Muskatnuss

Außerdem
3-4 Pflaumen oder Zwetschgen

1) Butter schmelzen, dann mit Mandelmehl, Chiasamenmehl und 1 Prise Salz verrühren. Den Teig in 6 Mulden eines Muffinblechs verteilen und gut andrücken. Im vorgeheizten Backofen bei 175 °C (Ober- und Unterhitze) etwa 5 Minuten vorbacken.

2) Ei, Frischkäse, Vanillepulver, Sukrin melis und etwas geriebene Muskatnuss mit dem Stabmixer fein pürieren. Die Käsecreme auf dem vorgebackenen Teig verteilen.

3) Pflaumen oder Zwetschgen waschen, dann halbieren, entkernen und das Fruchtfleisch in Würfel schneiden. Die Pflaumenwürfel auf der Quarkcreme verteilen und im heißen Backofen bei gleicher Temperatur etwa 25 Minuten backen. Herausnehmen und auskühlen lassen. Vorsichtig mit einem Messer am Rand lösen und aus der Form nehmen, danach mindestens 1 Stunde oder über Nacht in den Kühlschrank stellen, damit die Muffins schön fest und kompakt werden.

TO-GO-TIPP Muffins einfach in eine Plastikbox einpacken, mitnehmen und unterwegs genießen. Die Muffins können etwas durchfetten, daher lieber nicht nur in Papier einpacken.

BROMBEER-SCHOKO-DRINK

Für 1 Portion

125 g frische oder TK-Brombeeren
    (alternativ TK-Beerenmischung)
75 g Schlagsahne
1–2 TL rohes Kakaopulver
1 Msp. Vanillepulver

Beeren, Sahne, etwa 75 ml Wasser, Kakaopulver und Vanillepulver mit dem Pürierstab cremig mixen.

DOUBLE-CHOCOLATE-BROMBEER-COOKIES

Für 6–8 Cookies

65 g zimmerwarme Butter
40–50 g Sukrin melis
1 zimmerwarmes Ei (Größe L)
1 Msp. Vanillepulver
150 g Mandelmehl
3 EL Kokosmehl
2 EL rohes Kakaopulver
½ TL Weinstein-Backpulver
Salz
50 g Zartbitterschokolade
ca. 75 g frische Brombeeren

1) Zimmerwarme Butter und Sukrin melis mit den Schneebesen des Handrührgeräts verrühren. Dann das Ei und das Vanillepulver unterschlagen. Mandelmehl, Kokosmehl, Kakaopulver, Weinstein-Backpulver und 1 Prise Salz verrühren. Die trockenen Zutaten portionsweise unter die Buttermasse rühren.

2) Zartbitterschokolade in kleine Stückchen hacken und unter den Teig heben. Je 1–2 EL Teig zu einem flachen Cookie formen und auf ein mit Backpapier ausgelegtes Blech setzen.

3) Brombeeren verlesen und waschen, große Exemplare evtl. etwas kleiner schneiden. Mit dem Daumen kleine Mulden in den Cookies formen und die Brombeeren hineinsetzen. Im vorgeheizten Backofen bei 175 °C (Ober- und Unterhitze) 10–12 Minuten backen.

BRAVO, LIEBE BROMBEERE

DIE BROMBEERE IST IM REIGEN DER SOMMERBEEREN ZWAR
ERST VERGLEICHSWEISE SPÄT REIF, DAS LANGE WARTEN
MACHT SIE DURCH IHR FEINES AROMA UND IHRE WUN-
DERSCHÖNE SCHWARZBLAUE FARBE ABER LOCKER WETT.

IM SCHOKOLADENHIMMEL

SCHOKOLADE FINDET AUCH IN DER LCHF-ERNÄHRUNG IHREN PLATZ. WICHTIG IST ZUM EINEN DAS MASS UND ZUM ZWEITEN, DASS SIE DUNKLE SCHOKOLADE WÄHLEN (HIER 90 % KAKAOANTEIL).

TO-GO-TIPP Der Kuchen lässt sich leicht, in Folie oder einer Box verpackt, mitnehmen. Oder Sie nehmen den ganzen Kuchen mit ins Büro und lassen Ihre Kollegen raten, was drin ist. Ob jemand auf Rote Bete kommt?

TIPP Falls der Kuchen während des Backens sehr dunkel wird, mit Alufolie abdecken.

SCHOKOLADENKUCHEN MIT ROTER BETE

Für eine Kastenform

Für den Teig
200 g vakuumierte, gegarte Rote Bete
200 ml Leinöl oder Mandelöl
3 Eier (Größe M)
75 g Sukrin melis
100 g gemahlene Mandelkerne
100 g Kokosmehl
2 TL Weinstein-Backpulver
40 g rohes Kakaopulver
2 Msp. Johannisbrotkernmehl
Salz

Für den Schokoguss
100 g Zartbitterschokolade
    (90 % Kakaoanteil)
1 TL Kokosöl

1) Die Rote Bete grob würfeln und mit dem Öl sehr fein pürieren. Die Eier mit Sukrin melis verrühren. Mandelmehl, Kokosmehl, Backpulver, Kakaopulver, Johannisbrotkernmehl und 1 Prise Salz mischen. Die Rote-Bete-Mischung unter die Eiermasse rühren, dann portionsweise trockene Zutaten unterheben.

2) Die Masse in eine gut gefettete Kastenform füllen und im vorgeheizten Backofen bei 175 °C (Ober- und Unterhitze) etwa 50 Minuten backen. Herausnehmen und auskühlen lassen.

3) Für den Guss Schokolade und Kokosöl über einem warmen Wasserbad schmelzen. Den Kuchen aus der Form stürzen und mit dem Schokoguss überziehen, fest werden lassen.

CHOCO-COCO-WOHLFÜHLTEE

Für 1 große Tasse
1 gehäufter TL rohes Kakaopulver
200 ml Kokosmilch
2 EL loser schwarzer Tee
    (alternativ 1–2 Teebeutel)
1 Msp. Vanillepulver
Zimt
gemahlener Kardamom
evtl. etwas Kokosblütenzucker

1) Das Kakaopulver sieben. Kokosmilch, 100 ml Wasser und Kakaopulver glatt verrühren und aufkochen. Losen Tee in ein Teesieb füllen, in die heiße Kokosmilch hängen und zugedeckt etwa 7 Minuten ziehen lassen.

2) Das Teesieb aus der Kokosmilch herausnehmen und ausdrücken. Den Tee mit Vanillepulver, Zimt und Kardamom abschmecken, evtl. mit Kokosblütenzucker süßen. Den Tee in einen Becher oder eine Tasse füllen.

TO-GO-TIPP Tee am besten in einen gut isolierenden To-go-Becher mit Deckel füllen. So bleibt der Tee lange warm, und Sie können ihn unterwegs schluckweise genießen. Vielleicht haben Sie auch die Möglichkeit, den Tee frisch in der Büroküche zuzubereiten?

JETZT IST KOHLSAISON! WIRSING, WEISSKOHL, ROTKOHL,
GRÜNKOHL UND CO. KOMMEN JETZT FRISCH VOM FELD
UND BEREICHERN UNSEREN SPEISEPLAN. KOHL ZÄHLT ZU
DEN PERFEKTEN LCHF-GEMÜSESORTEN.

WINTER

Winter- und vor allem Weihnachtszeit ist Kohlenhydratzeit! Zumindest rein traditionell, denn überall warten Plätzchen, Stollen und zuckriger Glühwein darauf, verspeist zu werden. Muss man darauf verzichten, wenn man sich LCHF ernährt? Nein, zum Glück nicht.

X-MAS-FAVORITEN IM LCHF-STYLE

Die meisten süßen und herzhaften Leckereien lassen sich LCHF-konform (oft sogar leckerer als das Original) nachkochen bzw. nachbacken. Die Lebkuchen-Brownies in diesem Kapitel sind auf Basis von Blumenkohl (!) zubereitet und ein echter Weihnachts-Hit! Wenn Sie zu den Fans von Burgern und anderem Deftigen gehören und den Verzicht darauf fürchten, kommt hier die Entwarnung. Passende LCHF-konforme Rezepte folgen nämlich ebenfalls auf den nächsten Seiten.

LAMMFILETS
AUF CHICORÉE-BEEREN-SALAT

Das geschmackliche Highlight hier ist die Extrawürze durch ein selbst gemachtes Orangen-Rosmarin-Salz. Es lässt sich auf Vorrat herstellen und auch für andere Fleisch- und Gemüsegerichte verwenden.

Für 2 Portionen

Für das Orangen-Rosmarin-Salz
1 unbehandelte Orange
1 Zweig Rosmarin
80 g grobes Meersalz

Für die Lammfilets
4 Lammfilets (à etwa 75 g)
1 TL Kokosöl

Für den Salat
1 Chicorée
ca. 100 g Pflücksalat
75 g Himbeeren
4 EL Weißweinessig
2 TL Senf
Salz
frisch gemahlener schwarzer Pfeffer
4 EL Olivenöl

1) Die Orange waschen, die Schale mit einem Sparschäler dünn abschälen und im vorgeheizten Backofen bei 100 °C (Ober- und Unterhitze) etwa 1 Stunde trocknen lassen. Zwischendurch ab und zu die Ofentür öffnen, damit Feuchtigkeit entweichen kann. Den Rosmarin waschen, trocken schütteln, Nadeln abzupfen und grob hacken. Die Rosmarinnadeln mit etwa der Hälfte des Salzes im Mörser zerstoßen, bis das Salz sich etwas grünlich verfärbt hat. Orangenschale im Blitzhacker fein zerkleinern, Rosmarinsalz und übriges Salz zufügen und nochmals kurz mixen.

2) Von den Lammfilets die dünnen Häutchen entfernen. Öl in einer großen Pfanne erhitzen und Lammfilets darin unter Wenden etwa 3 Minuten braten, rundum mit Orangen-Rosmarin-Salz würzen. Herausnehmen, mit Alufolie bedecken und etwa 5 Minuten ruhen lassen.

3) Äußere Chicoréeblätter entfernen, die anderen vom Strunk lösen und klein schneiden. Den Pflücksalat waschen, abtropfen lassen und mit dem Chicorée vermengen. Die Himbeeren verlesen und wenn nötig waschen. Essig mit Senf, Salz und Pfeffer verquirlen, anschließend Olivenöl unterschlagen. Chicorée, Salat und Himbeeren auf Tellern anrichten. Lammfilets in Scheiben aufschneiden und auf dem Salat anrichten. Zum Schluss mit Vinaigrette beträufeln.

TO-GO-TIPP Salat, Vinaigrette und gebratene Lammfilets am besten jeweils getrennt einpacken und mitnehmen. Wenn die Möglichkeit besteht, können Sie das Fleisch vor dem Anrichten auch kurz aufwärmen.

TIPP Übriges Orangen-Rosmarin-Salz hält sich in einem Schraubglas, kühl und dunkel gelagert, 3–4 Monate.

TO-GO-TIPP Gefüllte Eier fest in Frischhaltefolie einwickeln oder stehend in eine Plastikbox setzen.

TIPP Reste von den Füllungen können Sie entweder noch zu den Eiern dazu essen oder als Aufstrich auf LCHF-Brot genießen.

GEFÜLLTE EIER

Hart gekochte Eier lassen sich sehr variantenreich und immer wieder anders füllen. Ein perfekter Snack für unterwegs, fürs Abendessen und für LCHF-Partybüfetts.

Für 2 Portionen

6 Eier (Größe L)

Für die Roquefort-Rote-Bete-Variante
100 g vakuumierte, gegarte Rote Bete
40 g Roquefort
2 EL Schlagsahne
Salz
frisch gemahlener weißer Pfeffer

Für die Garnelen-Wasabi-Variante
6 küchenfertige, gekochte Garnelen
2 EL Mayonnaise
ca. ½ TL Wasabi
1 TL Zitronensaft
1 TL Sesamsaat

Für die Meerrettich-Kaviar-Variante
1 kleines Stück Meerrettich
40 g Doppelrahm-Frischkäse
1–2 TL Schlagsahne
2 TL Forellenkaviar
etwas Brunnenkresse

1) Die Eier in kochendem Wasser in 10 Minuten hart kochen. In kaltem Wasser abschrecken und abkühlen lassen. 4 Eier pellen und schälen, 2 Eier mit der Hand über die Arbeitsplatte rollen, sodass die Schale bricht, aber noch am Ei bleibt.

2) Für die Roquefort-Rote-Bete-Variante Rote Bete grob zerkleinern. 175 ml Wasser zufügen und mit dem Stabmixer zu einem feinen Mus pürieren. Die 2 Eier mit angebrochener Schale in die Rote-Bete-Mischung geben und einige Stunden oder über Nacht ziehen lassen. So ergibt sich ein schöner rot-marmorierter Effekt. Dann die Eier pellen und das obere Drittel der Eier als Deckel abschneiden. Das Eigelb vorsichtig mit einem kleinen Löffel herausnehmen und mit einer Gabel zerdrücken. Roquefort in kleine Würfel schneiden. Eigelb, Roquefort, Sahne, Salz und Pfeffer glatt verrühren, Masse in die Eier füllen und Deckel daraufsetzen.

3) Für die Garnelen-Wasabi-Variante Garnelen in kleine Würfel schneiden. Von zwei Eiern das obere Drittel der Eier als Deckel abschneiden. Dann das Eigelb vorsichtig mit einem kleinen Löffel herausnehmen, mit einer Gabel zerdrücken und mit Mayonnaise, Wasabi, Zitronensaft, Sesam und Garnelen verrühren. Mit Salz und Pfeffer würzen, Creme in die beiden Eier füllen und Deckel daraufsetzen.

4) Für die Meerrettich-Kaviar-Variante Meerrettich schälen und fein hacken. Von zwei Eiern das obere Drittel der Eier als Deckel abschneiden. Dann das Eigelb vorsichtig mit einem kleinen Löffel herausnehmen, mit einer Gabel zerdrücken und mit Doppelrahm-Frischkäse, Meerrettich, Sahne, Salz und Pfeffer verrühren. Creme in die Eier füllen, Forellenkaviar und Brunnenkresse darauf verteilen und Deckel daraufsetzen.

HÄHNCHEN-GRISSINI

Für ca. 8 Stangen

150 g gekochtes, abgekühltes
   Hähnchenbrustfilet
125 g Mozzarella
25 g Gouda
granulierter Knoblauch
getrockneter Thymian
Schwarzkümmelsamen
Salz
Pfeffer

1) Hähnchenfilet in kleine Stücke schneiden. Mozzarella in Stücke zupfen und Gouda reiben. Hähnchen und beide Käsesorten im Blitzhacker zu einer glatten Farce verarbeiten. Mit den restlichen Zutaten würzen und nochmals kurz mixen.

2) Hähnchenfarce zu etwa 8 Sticks formen und auf ein mit Backpapier ausgelegtes Backblech legen. Im vorgeheizten Backofen bei 190 °C (Ober- und Unterhitze) 18–20 Minuten backen.

TIPP Für 150 g gekochtes Hähnchen benötigen Sie 250 g frisches Filet. Wichtig ist, dass Sie gleich viel gekochtes Hähnchen und Käse verwenden.

CAMEMBERT-TORTE

Für 1–2 Portionen

30 g Walnusskerne
3 Stängel Petersilie
1 kleine Knoblauchzehe
1 Msp. Fenchelsamen
ganze rosa Beeren / rosa Pfeffer
Salz
1 runder oder ovaler Camembert

1) Walnusskerne grob hacken. Petersilie waschen, trocken schütteln und Blätter abzupfen. Knoblauch abziehen und grob hacken. Nüsse, Petersilie, Knoblauch, Fenchelsamen, rosa Beeren und Salz im Blitzhacker stückig zerkleinern.

2) Den Camembert quer halbieren und die Walnussmasse auf der unteren Käsehälfte verteilen. Die obere Hälfte daraufsetzen und gut andrücken. Fest in Frischhaltefolie einwickeln und über Nacht im Kühlschrank ziehen lassen. Dann in kleine Tortenstücke aufschneiden.

SUSHI

Für 1 Portion

75 g Blumenkohl
½ EL Flohsamenschalen
½ EL Apfelessig
100 g geräucherter Lachs
½ Avocado
1–2 TL Zitronensaft zum Beträufeln
1 kleines Stück Gurke
50 g Doppelrahm-Frischkäse
Sesamsaat zum Wälzen
Tamari (glutenfreie Sojasauce)
Wasabi zum Würzen

1) Blumenkohl waschen und in der Küchenmaschine zu reisähnlichen Krümeln zerkleinern. Mit Flohsamenschalen und Essig mit den Fingerspitzen gut vermischen. 10 Minuten quellen lassen.

2) Lachsscheiben überlappend auf eine Sushi-Matte legen. Avocado in dünne Spalten schneiden und mit Zitronensaft beträufeln. Gurken in dünne Streifen schneiden. Frischkäse auf die Lachsscheiben streichen, Blumenkohlreis darauf verteilen. Avocadospalten und Gurkenstreifen auf das untere Viertel legen, mithilfe der Sushimatte aufrollen, in Sesam wälzen. In Stücke schneiden, mit Tamarisauce und dem Wasabi anrichten.

TO-GO-TIPP Am besten die ganze Rolle, fest in Folie gewickelt, mitnehmen und frisch aufschneiden.

INTERNATIONALE NASCH-PLATTE

HIER TREFFEN SICH ASIEN,
FRANKREICH UND ITALIEN
KÖSTLICH VEREINT AUF
EINEM TELLER. SO LECKER
WAR VON DER HAND IN
DEN MUND GENIESSEN
NOCH NIE!

EIER-SCHINKEN-MUFFINS
MIT GRÜNEM SALAT

Diese Muffins kommen ganz ohne Teig aus. Stattdessen wird die köstliche Eiersahne hier in Schinkenscheiben gefüllt und gebacken. Innen saftig und außen schön knusprig – lecker! Die Muffins schmecken übrigens auch schon zum Frühstück.

Für 2–3 Portionen

Für die Eier-Schinken-Muffins
Kokosöl oder Butter für die Form
12 dünne Scheiben Schinken
120 g Gouda
2 Lauchzwiebeln
3 Eier (Größe L)
80 g Schlagsahne
Salz
frisch gemahlener weißer Pfeffer
granulierter Knoblauch

Für den Salat
1 Kopf Eichblattsalat
2 Avocados
1–2 EL Zitronensaft
75 g grüne Oliven mit Mandelfüllung
1 Beet Kresse
4 EL Weißweinessig
1 TL Senf
4 EL Olivenöl

1) Die 12 Mulden eines Muffinblechs dünn einfetten. Je eine Schinkenscheibe in eine Mulde legen. Käse reiben. Lauchzwiebeln waschen und in dünne Ringe schneiden. Eier, Sahne, 80 ml Wasser, geriebenen Käse, Salz, Pfeffer und Knoblauch mit einem Stabmixer glatt pürieren und anschließend die Lauchzwiebeln unterheben.

2) Die Eiermasse in die mit Schinken ausgelegten Mulden füllen und im vorgeheizten Backofen bei 175 °C (Ober- und Unterhitze) etwa 25 Minuten backen. Herausnehmen und auskühlen lassen.

3) Für den Salat Eichblattsalat in Blätter teilen, waschen und kleiner zupfen. Avocados halbieren, Stein herauslösen, Fruchtfleisch mit einem Löffel herausheben und in Spalten schneiden; sofort mit Zitronensaft beträufeln. Eichblattsalat, Avocadospalten und Oliven auf einem Teller anrichten. Kresse vom Beet schneiden und darüberstreuen. Essig, Senf, Salz und Pfeffer verquirlen, das Öl tröpfchenweise darunterschlagen. Salat mit der Vinaigrette beträufeln und Eier-Schinken-Muffins dazu anrichten.

TO-GO-TIPP Muffins, Salat und Vinaigrette am besten separat mitnehmen, damit nichts durchweichen kann. Die Vinaigrette ist ganz schnell und einfach aus wenigen Zutaten gerührt. Vielleicht lässt sich diese sogar frisch im Büro mischen?

FRÜHSTÜCKSBRÖTCHEN

Für etwa 6 Brötchen

250 g Schlagsahne
90 g entöltes Mandelmehl
1–2 EL gehackte Mandelkerne
50 g Kokosmehl
2 EL Flohsamenschalen
10 g Weinstein-Backpulver
3 EL Sukrin melis
3 Eiweiß (Größe L)

1) Die Sahne und 100 ml Wasser in einem Töpfchen erwärmen. Mandelmehl, gehackte Mandelkerne, Kokosmehl, Flohsamenschalen, Weinstein-Backpulver und Sukrin melis mischen. Sahne-Wasser-Mix und Eiweiß unter die trockenen Zutaten rühren. Den Teig 5–10 Minuten quellen lassen.

2) Mit angefeuchteten Händen etwa 6 Brötchen formen, über Kreuz einritzen und im vorgeheizten Backofen bei 175 °C (Ober- und Unterhitze) etwa 35 Minuten backen.

MIT SELBST GEMACHTEN SCHOKOTÄFELCHEN

75 g Zartbitterschokolade
4–5 TL Erdnussbutter
1 kleine Banane, in Scheiben

1) Schokolade zerteilen und über einem warmen Wasserbad vorsichtig schmelzen. Ein glattes Stück Back- oder Pergamentpapier auf einem großen Brett auslegen, Schokolade daraufgießen und mit einem Löffel glatt und dünn verstreichen. Für etwa 15 Minuten in den Kühlschrank stellen. Anschließend die Schokolade in Rechtecke schneiden.

2) Brötchen halbieren, untere Hälfte mit Erdnussbutter bestreichen, mit Bananenscheiben und Schokotäfelchen belegen und die obere Brötchenhälfte draufsetzen.

MIT ERDNUSSBUTTER UND VANILLE-ERDBEER-AUFSTRICH

300 g TK-Erdbeeren
½ TL Vanillepulver
ca. ½ TL Johannisbrotkernmehl
4–5 TL Erdnussbutter

1) TK-Erdbeeren mit Vanillepulver und 2–3 EL Wasser in einem Topf bei mittlerer Temperatur etwa 2 Minuten köcheln und auftauen lassen. Dann mit einem Kartoffelstampfer zerstampfen und weitere 2–3 Minuten köcheln lassen. Mit Johannisbrotkernmehl binden und abkühlen lassen.

2) Die Brötchen halbieren. Die untere Hälfte mit Erdnussbutter bestreichen, etwas Erdbeeraufstrich darauf verteilen und die obere Brötchenhälfte draufsetzen.

SÜSSER START IN DEN TAG

MIT LCHF SIND DIE ZEITEN FÜR SÜSSE BRÖTCHEN, KONFITÜRE UND SCHOKO-TÄFELCHEN VORBEI? NEIN, ZUM GLÜCK NICHT! DENN DAS ALLES LÄSST SICH GANZ EINFACH OHNE ZUCKER UND MEHL SELBST ZUBEREITEN. UND DIESE VARIANTEN SCHMECKEN RICHTIG GUT – VERSPROCHEN!

TO-GO-TIPP Sie können die Brötchen daheim mit Ihrem Wunschbelag zusammensetzen, in Papier einpacken und unterwegs überall verzehren.

TIPP 1 Der Vanille-Erdbeer-Aufstrich hält sich im Kühlschrank etwa 3 Tage.

TIPP 2 Kein Johannisbrotkernmehl daheim? Sie können den Fruchtaufstrich auch mit 1–2 EL geschrotetem goldenem Leinsamen andicken.

TO-GO-TIPP Burger fix und fertig belegt in eine Plastik-box oder Folie einpacken und unterwegs genießen.

TIPP Auf dem Burger schmeckt auch etwas Krautsalat. Zum Beispiel der fruchtige Coleslaw von S. 132 oder der Spitzkohl-Farmersalat von S. 52.

PULLED-PORK-BURGER
MIT AVOCADOCREME

Pulled Pork passt nicht nur zum Burger, sondern auch zu Salat oder Gemüse.

Für etwa 5 Portionen

Für die Burgerbrötchen
250 g Speisequark (20 % Fett)
2 Eier (Größe M)
7 EL Haferkleie
5 EL Kartoffelfasern
4 EL Eiweißpulver
2 EL goldener Leinsamen
1 TL Weinstein-Backpulver
Salz
Sesamsaat zum Bestreuen

Für das Pulled Pork
1,2 kg Schweineschulter ohne Schwarte
2 EL grobkörniger Senf
2 EL Schweineschmalz
1 Zwiebel
6 Knoblauchzehen
1 Lorbeerblatt
3 Gewürznelken
einige Pimentkörner
1 TL Koriandersamen
Pfeffer

Für die Avocadocreme
1 Avocado
1–2 EL Zitronensaft
150 g griechischer Joghurt

Für den Belag
½ rotbackiger Apfel
einige Blätter Eisbergsalat
1 rote Zwiebel

1) Für die Burgerbrötchen Quark und Eier verquirlen. Die restlichen Zutaten vermischen und portionsweise unter die Quark-Eier-Mischung rühren. Etwa 5 Brötchen formen, auf ein mit Backpapier ausgelegtes Backblech legen und mit Sesam bestreuen. Im vorgeheizten Backofen bei 175 °C (Ober- und Unterhitze) etwa 25 Minuten backen.

2) Das Fleisch rundum mit Senf einreiben und salzen. Schmalz in einem Bräter erhitzen und das Fleisch rundherum bei nicht zu starker Hitze 8–10 Minuten anbraten. Zwiebel abziehen und in Spalten schneiden. 200 ml Wasser in den Bräter gießen. Zwiebel, ungeschälte Knoblauchzehen und Gewürze dazugeben. Kräftig pfeffern und zugedeckt im vorgeheizten Backofen bei 125 °C (Ober- und Unterhitze) etwa 6 Stunden garen, dabei alle 2 Stunden wenden und öfter mit dem entstandenen Fond übergießen.

3) Danach den Deckel vom Bräter nehmen und den Braten 10 Minuten bei 220 °C unter dem Backofengrill übergrillen. Herausnehmen, das Fleisch mit zwei Gabeln in Stücke zupfen. Knoblauchzehen aus den Häutchen drücken, zerdrücken und mit etwas Bratenfond unter das Fleisch mischen.

4) Für die Creme die Avocado halbieren, Kern herauslösen, Fruchtfleisch aus der Schale lösen und grob würfeln, Zitronensaft zugeben und mit dem Stabmixer pürieren. Joghurt unterrühren, mit Salz und Pfeffer abschmecken.

5) Für den Belag den Apfel waschen und in dünne Scheiben schneiden, Salatblätter waschen, Zwiebel abziehen und in feine Ringe schneiden. Die Burgerbrötchen halbieren, Pulled Pork, Apfel, Salat, Zwiebelringe und Avocadocreme auf die unteren Hälften geben und Deckel auflegen.

ASIA-WRAP
MIT ENTENBRUST

Extra spicy wird der Asia-Wrap durch die selbst gemachte Chilisauce, die als Würzsauce auch zu anderen Gerichten passt. Aber Vorsicht: Sie ist ganz schön scharf!

Für 2–3 Portionen

Für die Chilisauce
1 ½ EL Chiliflocken
1 große Knoblauchzehe
3 EL Tomatenmark
1 TL Sukrin gold
Salz
frisch gemahlener schwarzer Pfeffer
ca. 7 EL Öl (z. B. Oliven- oder Rapsöl)

Für den Wrap-Teig
60 g gebratene Schweineschwarten/
   Speckkrusten (z. B. aus dem Internet)
1 Msp. Weinstein-Backpulver
60 g Doppelrahm-Frischkäse
3 Eier (Größe L)
Kokosöl zum Braten

Für die Füllung
2 Entenbrustfilets
30 g Sprossenmix (z. B. Alfalfa-,
   Rettich-, Rotkohl- und Kohlrabi-
   sprossen)
1 kleines Stück Ingwer
1 Porree/Lauch
½ Karotte

1) Chiliflocken mit etwa 50 ml Wasser aufkochen und kurz köcheln lassen. Knoblauch abziehen, pressen und mit Tomatenmark und Sukrin gold zur Chilimasse geben. Evtl. noch Wasser dazugeben. Mit Salz und Pfeffer abschmecken und abkühlen lassen, dann Öl unterrühren.

2) Die Schweineschwarten im Blitzhacker zu feinem Mehl verarbeiten, Backpulver und Salz zufügen und nochmals kurz mixen. Frischkäse, Eier und 90 ml Wasser glatt verrühren. Die trockenen Zutaten zufügen und den Teig 5 Minuten quellen lassen. Eine beschichtete Pfanne erhitzen und mit Kokosöl einpinseln. Eine kleine Kelle Teig hineingeben, verteilen und bei mittlerer Temperatur 3–4 Minuten backen. Wenden und die zweite Seite etwa 1 Minute backen. Pfannkuchen herausnehmen und weitere 3–4 Pfannkuchen backen.

3) Entenbrüste waschen, trocken tupfen und die Haut kreuzweise einschneiden. Eine ofenfeste Pfanne ohne Fett erhitzen, die Entenbrüste darin auf der Hautseite etwa 5 Minuten anbraten, dann umdrehen und auf der Fleischseite weitere 3–4 Minuten braten. Mit Salz und Pfeffer würzen und mit der Hautseite nach oben im vorgeheizten Backofen bei 125 °C (Ober- und Unterhitze) 20–25 Minuten braten.

4) In der Zwischenzeit die Sprossen abspülen. Ingwer schälen und fein hacken, Porree waschen und in dünne Scheiben schneiden. Karotte schälen und in kleine Stifte schneiden. Entenbrüste aus dem Ofen nehmen und in Alufolie einwickeln. Porree und Karotten in 1–2 EL des Entenfetts 3–4 Minuten braten. Ingwer zufügen und mitbraten. Anschließend das Fleisch dünn aufschneiden.

5) Fleisch, Gemüse, Sprossen und etwas Chilisauce auf die Pfannkuchen verteilen und die Wraps aufrollen.

TO-GO-TIPP Die Wraps lassen sich fix und fertig vorbereiten und in Plastikboxen, oder stramm in Frischhaltefolie eingewickelt, mitnehmen. Zum besseren Anfassen können Sie um das untere Ende der Wraps einen Streifen Pergamentpapier legen und etwas Küchengarn darum knoten.

CURRY-KOHLSUPPE
MIT FATHEAD-CRACKERN

Bei diesem Rezept bleiben die Kohlköpfe unter sich. Wirsing, Blumenkohl und Brokkoli vereinen sich zu einer aromatischen Suppe. Die Fathead-Cracker sind ein Hit der LCHF-Küche. Sie bestehen vor allem aus Käse und sind unglaublich saftig und gut.

Für 3 Portionen

Für die Curry-Kohlsuppe
200 g Wirsing
½ kleiner Brokkoli (ca. 150 g)
¼ Blumenkohl (ca. 150 g)
1 Zwiebel
1 EL Kokosöl
1 Stück Ingwer
1 TL Currypulver
1 l Gemüsebrühe
3 Stängel Petersilie

Für die Fathead-Cracker
175 g geriebener Mozzarella
2 EL Doppelrahm-Frischkäse
1 Ei (Größe M)
85 g Mandelmehl
granulierter Knoblauch
Salz
frisch gemahlener weißer Pfeffer

1) Den Wirsing in Blätter teilen, waschen, abtropfen lassen und in Stücke schneiden. Brokkoli und Blumenkohl in kleine Röschen teilen, waschen und abtropfen lassen. Die Zwiebel abziehen und würfeln.

2) Kokosöl in einem Topf erhitzen und Zwiebelwürfel darin anschwitzen. Wirsing, Brokkoli und Blumenkohl zufügen und ebenfalls anschwitzen. Den Ingwer schälen, fein hacken und zusammen mit dem Curry zum Kohl geben. Mit Gemüsebrühe ablöschen und alles 10–12 Minuten köcheln lassen.

3) Für die Cracker alle Zutaten zu einem glatten Teig verrühren.

4) Den Teig zwischen zwei Lagen Frischhaltefolie ausrollen. Die oberste Lage der Folie entfernen, Backpapier drauflegen. Umdrehen, Folie entfernen und den Teig mit einem Pizzaroller oder Teigrädchen in Quadrate oder Rechtecke schneiden. Im vorgeheizten Backofen bei 220 °C (Ober- und Unterhitze) etwa 8 Minuten backen, dann herausnehmen und das Backpapier vom Blech ziehen. Eine weitere Lage Backpapier drauflegen, umdrehen und Cracker erneut aufs Blech legen. Die zweite Seite der Cracker weitere 5 Minuten bei gleicher Temperatur backen, dann herausnehmen und auskühlen lassen. Evtl. die Cracker nochmals mit dem Pizzaroller oder Teigrädchen nacharbeiten.

5) Die Petersilie waschen, trocken schütteln, Blätter abzupfen und fein hacken. Die Suppe, mit Petersilie bestreut, anrichten und mit Crackern servieren.

TO-GO-TIPP Suppe in einem gut schließenden „Henkelmann" bzw. einem Thermogefäß mitnehmen. Die Fathead-Cracker fettdicht verpacken, da sie sonst durchfetten können.

ZWEIERLEI KNABBERKRAM

MANCHMAL MÖCHTE MAN UNTERWEGS ODER AUF REISEN
EINFACH ETWAS KNABBERN. DAS GEFÜHL KENNEN SIE
BESTIMMT AUCH. DA IST ES SINNVOLL, GESUNDE UND
LCHF-KONFORME LECKEREIEN PARAT ZU HABEN.

KALE-PEANUT-CHIPS

Für 2–3 Portionen

¼ Grünkohl (ca. 150 g)
2 EL geröstete, gesalzene Erdnusskerne
5 EL Olivenöl
Salz
edelsüßes Paprikapulver

Den Grünkohl waschen, in grobe Stücke zupfen und sehr gut abtropfen lassen oder mit der Salatschleuder trocken schleudern. Die Erdnüsse fein hacken und mit Olivenöl, Salz und Paprikapulver mischen. Den Grünkohl mit den Händen gründlich unterheben. Auf einem mit Backpapier ausgelegten Blech verteilen und im vorgeheizten Backofen bei 100 °C (Umluft) etwa 45 Minuten backen, dann herausnehmen und auskühlen lassen.

TO-GO-TIPP Die Kale-Peanut-Chips in einer Pergamenttüte aufbewahren, damit sie knusprig bleiben.

TIPP Das Rezept funktioniert gleichermaßen mit Wirsing.

KAROTTEN-CURRY-CHIPS

Für 2–3 Portionen

2 große, dicke Karotten
2–3 EL Olivenöl
1 EL Currypulver
grobes Meersalz

TO-GO-TIPP Die Karotten-Curry-Chips werden nicht so knusprig wie die Kale-Peanut-Chips. Sie sind etwas fettiger, daher für den Transport unbedingt fettdicht verpacken.

1) Die Karotten gründlich waschen und auf einer Haushaltsreibe oder Mandoline in 1–2 mm dünne Scheiben hobeln. Dabei die Karotte am besten schräg ansetzen, damit die Scheiben möglichst groß werden.

2) Olivenöl in einer Schüssel mit Currypulver mischen und Karottenscheiben unterheben, dann auf einem mit Backpapier ausgelegten Blech auslegen. Dabei darauf achten, dass die Scheiben nicht übereinanderliegen. Mit Meersalz bestreuen und im vorgeheizten Ofen bei 100 °C (Umluft) etwa 60 Minuten backen. Zwischendurch öfter die Ofentür öffnen, damit Dampf entweichen kann. Nach der Backzeit herausnehmen und auskühlen lassen.

ORIENT-PFANNE
MIT HACKFLEISCH UND SPINAT

Ein Essen, das richtig viel Spaß macht. Es ist ganz schnell und einfach gemacht, gelingt immer und entführt kulinarisch dank der köstlichen Gewürze in den Zauber aus 1001 Nacht.

Für 2 Portionen

200 g Spinatblätter
1 Zwiebel
1 Knoblauchzehe
2 EL Olivenöl
300 g Rinderhack
1 EL Tomatenmark
2 TL Curry
½ TL gemahlene Kreuzkümmelsamen
Salz
frisch gemahlener schwarzer Pfeffer
¼ l Gemüsebrühe
1 EL Rosinen
40 g Pinienkerne
evtl. 2 Msp. Johannisbrotkernmehl
    zum Binden
2 EL Crème fraîche
gehackte Petersilie zum Bestreuen

1) Den Spinat waschen und abtropfen lassen, evtl. etwas kleiner schneiden. Zwiebel und Knoblauch abziehen und fein würfeln. Öl in einem Topf erhitzen, Zwiebel und Knoblauch darin anschwitzen, Hack darin krümelig braten, anschließend Tomatenmark mit anschwitzen. Mit Curry, Kreuzkümmel, Salz und Pfeffer würzen.

2) Den Spinat zufügen, alles mit Brühe ablöschen und aufkochen lassen. Rosinen und Pinienkerne zufügen und alles bei schwacher Hitze 5 Minuten garen, evtl. mit Johannisbrotkernmehl binden. Die Orient-Pfanne, mit Crème fraîche und gehackter Petersilie angerichtet, servieren.

TO-GO-TIPP Dieses Gericht schmeckt am besten warm. Daher auf der Arbeit kurz erhitzen.

TIPP Sie können für dieses Rezept sowohl zarte, junge Spinatblätter als auch die etwas dickeren, härteren Winterspinatblätter verwenden. Erstere brauchen nur eine ganz kurze Garzeit, der Winterspinat (Erntezeit September bis November) sollte etwas länger dünsten.

FISCHPATÉ
AUF KNUSPERBROT

Eine Fischpaté, die locker so gut ist wie die aus dem Feinkostladen. Und der Vorteil: Sie wissen genau, was drin steckt. Um eine vollständige Mahlzeit daraus zu machen, noch etwas Gemüse oder einen Salat dazu essen.

Für 4 Portionen

Für die Fischpaté
300 g geräucherte und gepfefferte
   Makrelenfilets
½ unbehandelte Zitrone
1 Stück Meerrettich
100 g Crème double
1 TL grober Senf
Salz
frisch gemahlener schwarzer Pfeffer
¼ Bund Schnittlauch

Für das Knusperbrot
150 g Leinsamenmehl
5 EL Leinsamen
5 EL Sonnenblumenkerne
5 EL Flohsamenschalen
1 Päckchen Natron
Salz
250 g Speisequark (20 % Fett)
4 Eier (Größe M)
1 EL Weißweinessig
Kartoffelfasern zum Bestreuen

1) Die Haut der Makrelenfilets abziehen. Dann das darunterliegende Fett mit einem Messer vorsichtig abschaben, dabei auch den braunen Mittelkeil entfernen. Die Filets mit zwei Gabeln zerzupfen, dabei mögliche Gräten entfernen. Die Zitrone waschen, Schale abreiben und Saft auspressen, den Fisch mit der Zitronenschale und dem Zitronensaft vermischen.

2) Den Meerrettich schälen und fein reiben, zusammen mit Crème double, Senf, Salz und Pfeffer zum Fisch geben und unterrühren. Den Schnittlauch waschen, trockenschütteln, in feine Röllchen schneiden und unter die Paté mischen. Die Paté in Schraub- oder Weckgläschen füllen, verschließen und mindestens einige Stunden, am besten über Nacht, in den Kühlschrank stellen.

3) Für das Brot Leinsamenmehl mit Leinsamen, Sonnenblumenkernen, Flohsamenschalen, Natron und Salz vermengen. Quark, Eier und Essig mit einem Schneebesen verquirlen. Die trockenen Zutaten portionsweise unter die Eier-Quark-Masse rühren. Den Teig zu einem Laib formen, auf ein mit Backpapier ausgelegtes Blech legen und mit Kartoffelfasern bestreuen. Im vorgeheizten Backofen bei 200 °C (Ober- und Unterhitze) etwa 1 Stunde backen. Auskühlen lassen, anschließend Brot in Scheiben schneiden und mit der Fischpaté servieren.

TO-GO-TIPP Die Fischpaté lässt sich prima direkt im Schraub- oder Weckglas mitnehmen. Oder Sie bestreichen die Brotscheiben damit und machen sich eine leckere Klappstulle.

STULLEN-DOPPELDECKER
MIT KÄSE-SPIEGELEI UND SPECK

Doppeldecker – doppelt lecker! Oder sogar dreifach, denn bei diesem tollen Sandwich punkten das nussige Brot, die raffinierte Fenchelsamen-Ingwer-Butter und das saftige Käse-Spiegelei gleichermaßen.

Für 4 Portionen

Für das Sandwichbrot
6 Eier (Größe M)
400 g Magerquark
2 TL Weißweinessig
200 g brauner Leinsamen
150 g gemahlene Mandelkerne
   mit Haut
150 g gemahlene Haselnusskerne
100 g Sonnenblumenkerne
1 TL Natron
1 TL Johannisbrotkernmehl
Salz

Für die Fenchelsamen-Ingwer-Butter
1 TL Fenchelsamen
1 Stück Ingwer
75 g weiche Butter
frisch gemahlener weißer Pfeffer

Für den Belag
2 Tomaten
1 Stück Gurke
1 EL Kokosöl
8 Scheiben Frühstücksspeck/Bacon
4 Eier (Größe L)
4 Scheiben Gouda

1) Für das Brot Eier, Quark und Essig mit einem Schneebesen glatt verquirlen. Leinsamen, Mandelmehl, Haselnussmehl, Sonnenblumenkerne, Natron, Johannisbrotkernmehl und Salz mischen und in der Küchenmaschine etwas feiner mahlen. Die trockenen Zutaten portionsweise unter die Eier-Quark-Masse rühren. Eine Brotform mit Backpapier auslegen und den Teig einfüllen. Im vorgeheizten Backofen bei 175 °C (Ober- und Unterhitze) 1–1 ¼ Stunden backen. Herausnehmen und auskühlen lassen.

2) Für die Fenchelsamen-Ingwer-Butter Fenchelsamen in einer beschichteten Pfanne ohne Fett anrösten, bis sie beginnen zu duften. Herausnehmen und auskühlen lassen, anschließend in einem Mörser anstoßen. Den Ingwer schälen und fein reiben, Fenchelsamen und Ingwer mit der Butter verrühren und mit Salz und Pfeffer abschmecken.

3) Tomaten und Gurke waschen und in dünne Scheiben schneiden. Öl in einer Pfanne erhitzen und Speck darin knusprig braten, dann herausnehmen und auf Küchenpapier abtropfen lassen. Eier im Speckfett bei schwacher Hitze etwa 1 Minute braten, bis das Eiweiß fest ist. Eier wenden, sofort mit Käse belegen und zugedeckt kurz schmelzen lassen.

4) Acht Scheiben Brot abschneiden und mit etwas Fenchelsamen-Ingwer-Butter bestreichen. Auf vier Scheiben Tomaten- und Gurkenscheiben legen. Dann Käse-Spiegeleier und Speck darauflegen. Mit den übrigen Brotscheiben abschließen.

TO-GO-TIPP Die Stullen-Doppeldecker in Folie einwickeln. Schmecken immer und überall.

TIPP Die Fenchelsamen-Ingwer-Butter passt auch zu gebratenem Fleisch super. Das übrige Sandwichbrot schmeckt zum Beispiel auch zu Suppen und Salaten.

MINI-QUICHES
MIT ROSENKOHL UND HACK

Quiches und Tartes sind immer ein perfekter Snack für unterwegs, da sie sich super mitnehmen lassen und von Fleisch bis Gemüse alles drinsteckt. Diese kleinen Quiches schmecken kalt und aufgewärmt gleichermaßen gut.

Für 6 Mini-Quiches

Für den Boden
50 g weiche Butter
1 Ei (Größe L)
25 g Traubenkernmehl
20 g Kartoffelfasern
Salz
frisch gemahlener schwarzer Pfeffer
Fett für die Förmchen

Für die Füllung
200 g Rosenkohl
1 TL Kokosöl
150 g Rinderhack
1 rote Paprikaschote
50 g Bergkäse

Für den Eier-Sahne-Guss
1 Ei (Größe L)
50 g Crème fraîche
50 g Schlagsahne
frisch geriebene Muskatnuss

1) Weiche Butter, Ei, Traubenkernmehl, Kartoffelfasern, Salz und Pfeffer verkneten. Die Masse in sechs kleine ausgefettete Quiche-Förmchen mit Hebeboden (etwa 10 cm Ø) verteilen und flach andrücken, dabei einen kleinen Rand formen. Im vorgeheizten Backofen bei 200 °C (Ober- und Unterhitze) 15 Minuten vorbacken.

2) Den Rosenkohl waschen und in kochendem Salzwasser 15–20 Minuten garen. Öl in einer beschichteten Pfanne erhitzen und Hack darin 3–4 Minuten krümelig braten, mit Salz und Pfeffer würzen. Die Paprikaschote waschen, in Stücke schneiden und kurz mit anschwitzen. Den Rosenkohl abgießen, mit kaltem Wasser abschrecken und abtropfen lassen. Große Röschen halbieren und ebenfalls zum Hack in die Pfanne geben.

3) Für den Guss Ei, Crème fraîche und Sahne verquirlen, mit Muskat, Salz und Pfeffer kräftig würzen. Den Bergkäse reiben. Die Hack-Gemüse-Mischung auf dem vorgebackenen Teig verteilen, mit Eier-Sahne-Guss übergießen und mit Käse bestreuen. Im heißen Ofen bei gleicher Temperatur 20–25 Minuten backen, bis die Oberfläche goldbraun und das Ei gestockt ist. Aus dem Ofen nehmen und auskühlen lassen, dann die Quiches aus den Förmchen lösen.

TO-GO-TIPP Die erkalteten Mini-Quiches lassen sich, in Plastikboxen oder Folie verpackt, prima mitnehmen. Sie schmecken kalt und aufgewärmt.

BBQ-PFEFFER-ROASTBEEF

MIT GRANATAPFEL-FETA-DIP

Roastbeef zählt ohnehin zu den besten Fleischstücken, doch mit dem gaumenkitzelnden BBQ-Pfeffer und dem fruchtigen Dip wird es zu einer besonderen Delikatesse. Auch ein perfektes Rezept, wenn Sie zu einem Weihnachtsessen etwas mitbringen wollen.

Für 4 Portionen

Für das BBQ-Pfeffer-Roastbeef
1 unbehandelte Orange
1 TL schwarze Pfefferkörner
1 TL weiße Pfefferkörner
1 TL rosa Pfeffer / rosa Beeren
10 g Kaffeebohnen
grobes Meersalz
1 Msp. Cayennepfeffer
800 g Roastbeef
Butterschmalz zum Anbraten

Für den Granatapfel-Feta-Dip
1 Granatapfel
125 g Feta
125 g Crème fraîche
Salz
frisch gemahlener weißer Pfeffer

1) Die Orange waschen, Schale mit einem Sparschäler dünn abschälen und im vorgeheizten Backofen bei 100 °C (Ober- und Unterhitze) etwa 1 Stunde trocknen lassen. Zwischendurch ab und zu die Ofentür öffnen, damit Feuchtigkeit entweichen kann. Orangenschalen, dreierlei Pfeffer, Kaffeebohnen, Meersalz und Cayennepfeffer im Mörser zerstoßen.

2) Das Fleisch vom Fettrand befreien und abgedeckt 1 Stunde Zimmertemperatur annehmen lassen. Anschließend mit dem BBQ-Pfeffer rundum einreiben und in einem ofenfesten Bräter im heißen Butterschmalz 6–7 Minuten von allen Seiten kräftig anbraten. Im vorgeheizten Backofen bei 120 °C (Ober- und Unterhitze) 1 ¼–1 ½ Stunden braten. Herausnehmen und auskühlen lassen, in Folie wickeln und über Nacht in den Kühlschrank stellen. Herausnehmen und in dünne Scheiben aufschneiden.

3) Für den Dip den Granatapfel halbieren und die Kerne herauslösen. Den Feta mit den Fingerspitzen zerbröseln und den Saft der abgeschälten Orange auspressen. Feta, Crème fraîche und etwas Orangensaft glatt rühren, Granatapfelkerne unterheben, mit Salz und Pfeffer abschmecken und den Dip zu den Roastbeefscheiben servieren.

TO-GO-TIPP Dünn aufgeschnittene Roastbeefscheiben und Dip separat mitnehmen. Oder etwas Dip direkt auf die Roastbeefscheiben streichen und diese aufrollen.

TIPP Die BBQ-Pfeffer-Mischung können Sie schon vorher zubereiten. Sie ist, in einem Schraubglas verwahrt, mindestens 1–2 Monate haltbar und schmeckt auch zu vielen anderen Fleischsorten.

EIERSTICH IM GLAS
MIT GEMÜSE-HÄCKERLE

Dieses Gericht hat das Zeug, eines Ihrer Lieblingsessen zu werden. Es gelingt ganz einfach und schnell, erfreut mit seiner Farbenvielfalt das Auge und schmeckt absolut großartig. Das Gemüse-Häckerle macht sich übrigens auch super als Beilage zu Fleisch oder Fisch.

Für 2 Portionen

Für den Eierstich
Butter zum Einfetten
4 Eier (Größe L)
100 ml Schlagsahne
frisch geriebene Muskatnuss
Salz
frisch gemahlener Pfeffer

Für das Gemüse-Häckerle
1 rote Zwiebel
1 Fenchel
½ kleine Steckrübe (ca. 150 g)
2–3 Petersilienwurzeln (ca. 150 g)
2 TL Kokosöl
1 TL Sukrin gold
3 EL Weißweinessig

Außerdem
25 g Walnusskernhälften
2 Stängel Petersilie
100 g Stremellachs

1) Für den Eierstich zwei ofenfeste Weckgläser (Fassungsvermögen etwa 500 ml) bis etwa zur Hälfte einfetten. Eier und Sahne glatt verquirlen und mit Muskatnuss, Salz und Pfeffer kräftig würzen. Die Masse in die beiden Gläser verteilen, diese mit Alufolie verschließen, in einen weiten Topf geben und den Topf auf den Herd setzen. So viel kochendes Wasser angießen, dass die Gläser zur Hälfte im Wasser stehen. Bei schwacher Hitze 25–30 Minuten stocken lassen.

2) Für das Gemüse-Häckerle Zwiebel abziehen, Fenchel waschen, Steckrübe und Petersilienwurzeln schälen und waschen, anschließend alles in feine Würfel schneiden. Kokosöl in einer Pfanne erhitzen, das Gemüse zugeben und 8–10 Minuten anschwitzen. Dann mit Sukrin gold bestreuen und karamellisieren lassen. Mit Essig ablöschen und mit Salz und Pfeffer abschmecken, anschließend vom Herd nehmen und abkühlen lassen.

3) Die Walnusskerne grob hacken. Die Petersilie waschen, trocken schütteln, Blätter abzupfen und fein hacken, beides unter das Gemüse-Häckerle heben.

4) Die Eierstich-Gläser aus dem Topf heben und abtrocknen. Dann Gemüse-Häckerle darauf verteilen, Stremellachs in kleine Stücke zupfen und darauf anrichten.

TO-GO-TIPP Dieses Gericht lässt sich im verschlossenen Weckglas ganz einfach mitnehmen und überall auslöffeln. Sie können es zimmerwarm oder leicht aufgewärmt genießen.

TO-GO-TIPP Die Vinaigrette am besten separat vom Salat mitnehmen, so weicht nichts durch. Sie können alle Zutaten für die Vinaigrette auch in ein Schraubgläschen füllen. Darin lässt sich die Vinaigrette gut schütteln und auch direkt mitnehmen.

TIPP Wer mag, genießt noch etwas Obazda dazu (Rezept siehe S. 44).

RETTICH-WURST-SALAT
MIT LAUGENSTANGERL

Eine bayerisch-österreichisch anmutende Jause, die auch Nordlichtern gefallen wird. Frisch schmecken die Laugenstangerl wirklich so einmalig gut, dass Sie das Original aus normalem Mehl nicht vermissen werden.

Für 2 Portionen

Für den Rettich-Wurst-Salat
½ Kopf Endiviensalat
1 kleiner weißer Rettich (ca. 200 g)
160 g Fleischwurst
Salz
20 g Kürbiskerne
4 EL Weißweinessig
2 TL grober Senf
frisch gemahlener schwarzer Pfeffer
4 EL Kürbiskernöl

Für die Laugenstangerl
½ Würfel Hefe
4–5 EL lauwarme Milch
¼ TL Kokosblütenzucker
200 g Speisequark (20 % Fett)
2 Eier (Größe L)
3 EL Haferfasern
3 EL Kartoffelfasern
3 EL Eiweißpulver
2 EL Flohsamenschalen
1 TL Weinstein-Backpulver
3 TL Natron
grobes Meersalz

1) Für den Rettich-Wurst-Salat den Endiviensalat in Blätter teilen, waschen und abtropfen lassen. Den Rettich schälen und in dünne Scheiben schneiden. Die Fleischwurst pellen und ebenfalls in dünne Scheiben schneiden. Die Salatblätter auf einem Teller oder direkt in eine Plastikbox einschichten, Rettich und Fleischwurst schuppenartig darauflegen, den Rettich leicht salzen.

2) Die Kürbiskerne in einer Pfanne ohne Fett rösten, bis die Kerne anfangen zu knacken, dann herausnehmen und auskühlen lassen. Essig, Senf, Salz und Pfeffer verquirlen, das Öl tröpfchenweise unterschlagen. Vinaigrette und Kürbiskerne auf dem Salat anrichten.

3) Für die Laugenstangerl Hefe zerbröckeln und in ein Schüsselchen geben. Mit lauwarmer Milch übergießen, Kokosblütenzucker darüberstreuen und 10 Minuten gehen lassen. Quark und Eier mit einem Schneebesen verquirlen. Haferfasern, Kartoffelfasern, Eiweißpulver, Flohsamenschalen, Backpulver und Salz mischen.

4) Die Hefemilch unter die Quark-Ei-Masse rühren. Dann in zwei Portionen die trockenen Zutaten unterrühren, den Teig kurz quellen lassen. 500 ml Wasser aufkochen und in eine Schüssel umfüllen, Natron nach und nach zum heißen Wasser geben, da es stark schäumt.

5) Mit angefeuchteten Händen etwa sechs kleine Stangen aus dem Teig formen, in die Natronlauge tauchen und auf ein mit Backpapier belegtes Backblech legen. Mehrmals schräg einritzen und mit grobem Meersalz bestreuen. Im vorgeheizten Backofen bei 150 °C (Ober- und Unterhitze) 30–35 Minuten backen.

TATARBÄLLCHEN
MIT GURKEN-KIMCHI

Kimchi ist ein koreanisches Nationalgericht, bei dem Gemüse mittels Milchsäuregärung fermentiert und haltbar gemacht wird. Es geht im wahrsten Sinne des Wortes wie von selbst und ist dabei unglaublich lecker.

Für 2–3 Portionen

Für das Gurken-Kimchi
400 g Gurke
1 TL grobes Meersalz
1 TL Kokosblütenzucker
1 Knoblauchzehe
Tamari (glutenfreie Sojasauce)

Für die Tatarbällchen
30 g Sesamsaat
1 kleines Stück Ingwer
200 g Tatar
1 sehr frisches Eigelb (Größe M)

Für die Wasabi-Mayonnaise
4 EL Mayonnaise
ca. ½ TL Wasabi
1 Spritzer Limettensaft
ein wenig Limettenschale

Für die Dulse-Chips
20 g Dulse (rote Meeralgen)
1 TL Sesamöl

1) Für das Kimchi Gurke waschen und in Scheiben hobeln, mit Meersalz und Kokosblütenzucker mischen und etwa 30 Minuten ziehen lassen. Den Knoblauch abziehen und pressen. Die Gurkenscheiben in ein Sieb abgießen, die entstandene Lake dabei auffangen, die Gurkenscheiben mit Knoblauch und 1 EL Tamari mischen und fest in ein Weckglas drücken, es sollten keine Hohlräume mehr vorhanden sein. Dann mit der aufgefangenen Lake aufgießen. Einen kleinen Teller oder eine Untertasse direkt auf das Gemüse legen und mit einem kleinen Gewicht beschweren. Das Weckglas verschließen und die Gurken bei Zimmertemperatur 2–3 Tage fermentieren lassen.

2) Den Sesam in einer beschichteten Pfanne ohne Fett hellgelb anrösten, dann herausnehmen und auskühlen lassen. Den Ingwer schälen und fein reiben, mit Tatar, Eigelb, 1 EL Tamari und etwa einem Drittel des Sesams gut verkneten. Etwa 24 kleine Bällchen daraus formen und diese vorsichtig im übrigen Sesam wälzen.

3) Für die Wasabi-Mayonnaise Mayonnaise, Wasabi, Limettensaft und Limettenschale glatt pürieren, am besten mit einem Stabmixer.

4) Für die Dulse-Chips größere Stücke der Algen kleiner zupfen/brechen. Das Sesamöl in einer Pfanne erhitzen und die Algenstückchen bei mittlerer Hitze knusprig rösten. Die Tatarbällchen mit Gurken-Kimchi, Wasabi-Mayonnaise und Dulse-Chips anrichten.

TO-GO-TIPP Das perfekte Gericht für eine Lunchbox mit verschiedenen Dosen, denn idealerweise werden Tatarbällchen, Wasabi-Mayonnaise, Kimchi und Dulse-Chips separat verpackt. Wichtig: Dieses Gericht sollte beim Transport immer gut gekühlt werden, da hier rohes Fleisch im Spiel ist.

TIPP 1 Dulse ist eine rötlich-violette Meeresalge. Sie gilt als neues Superfood und liefert viele Mineralien und Spurenelemente und schmeckt gebraten fast wie Frühstücksspeck!

TIPP 2 Das Gurken-Kimchi hält sich im Kühlschrank 3–4 Monate.

TO-GO-TIPP Pastete in Scheiben schneiden und einpacken, die Cranberrymarmelade separat mitnehmen.

TIPP 1 Falls Sie kein Wildgulasch bekommen, können Sie auch andere Fleischsorten verwenden, zum Beispiel Schweinefilet oder Schweinenacken.

TIPP 2 Zu der Pastete passt ein knackiger Salat (zum Beispiel der grüne Salat von S. 153).

FRANZÖSISCHE FLEISCHPASTETE

Zugegeben, die Zubereitung dieser Fleischpastete kostet etwas Zeit und Mühe, aber das Ergebnis entschädigt um ein Vielfaches.

Für 1 Terrinen- bzw. Kastenform

Für den Teig
50 g + 1 EL + etwas Butter
75 g geriebener Gouda
50 g geriebener Grana Padano
70 g Mandelmehl
50 g Haferfasern
20 g Kokosmehl
2 Eier (Größe L)
Salz, frisch gemahlener weißer Pfeffer

Für die Fleischfüllung
600 g Wildgulasch
1 Hähnchenbrustfilet (ca. 200 g)
200 g geräucherter Speck
1 EL Dijon-Senf
4 Zweige Thymian
200 g Champignons
60 g Pistazien, grob gehackt
2 EL grüne Pfefferkörner
Schale von ½ unbehandelten Orange
1–2 TL Johannisbrotkernmehl

Zum Bestreichen
1 Eigelb
1–2 TL Schlagsahne

Für das Gelee
3 Blatt helle Gelatine
125 ml Flüssigkeit (z.B. Apfelsaft, Weißwein oder Sherry)

Für die Cranberrymarmelade
250 g frische oder TK-Cranberrys
2–3 EL Sukrin gold
2 EL Chiasamen

1) 50 g Butter schmelzen. Beide Käsesorten mit Mandelmehl, Haferfasern, Kokosmehl, Eiern, Butter, Salz und Pfeffer verkneten. Zwei Drittel des Teigs zwischen Frischhaltefolie ausrollen, übrigen Teig kalt stellen. Teig in eine mit Butter eingestrichene Terrinenform geben und andrücken.

2) Das Wildgulasch in der Küchenmaschine oder mit dem Fleischwolf zerkleinern. Die Hähnchenbrust und den Speck fein würfeln und mit dem Senf und dem zerkleinerten Fleisch mischen.

3) Thymian waschen, Blätter hacken. Pilze putzen und in Würfel schneiden. Pilze und Thymian in 1 EL Butter anschwitzen. Thymian-Pilze, Pistazien, Pfefferkörner, Orangenschale, Johannisbrotkernmehl, Salz und Pfeffer zum Fleisch geben und gut vermischen. Die Fleischmasse in die Form füllen.

4) Den übrigen Teig ausrollen und auf das Fleisch legen. Zwei Löcher in die obere Teigschicht schneiden. Eigelb und Sahne verquirlen und den Teig damit bestreichen. Die Pastete im vorgeheizten Backofen bei 200 °C (Ober- und Unterhitze) etwa 1 Stunde backen, evtl. nach 30 Minuten abdecken, dann herausnehmen und auskühlen lassen.

5) Die Gelatine in kaltem Wasser einweichen. Die Flüssigkeit erhitzen, aber nicht kochen lassen. Vom Herd nehmen, die Gelatine hinzufügen, unter Rühren auflösen, lauwarm abkühlen lassen und durch die Löcher zu der Pastete gießen. Mindestens 2 Stunden kalt stellen.

6) Die Cranberrys mit 100 ml Wasser und Sukrin gold aufkochen, Chiasamen einrühren und 8–10 Minuten köcheln lassen, etwas zerdrücken. Pastete in Scheiben und mit Cranberrymarmelade servieren.

SCHOKO-ORANGEN-KAFFEE

Für 1 große Tasse
100 g Schlagsahne
50 g Zartbitterschokolade
½ TL gemahlener Zimt
150 ml heißer Kaffee
1 Scheibe einer unbehandelten Orange

1) Sahne und 50 ml Wasser in einem kleinen Topf erwärmen. Die Schokolade in Stücke brechen und unter Rühren in der heißen Sahne schmelzen. Zimt darüberstauben und alles gut verrühren.

2) Den heißen Kaffee in eine große Tasse oder einen To-go-Becher füllen, die Schokosahne zufügen. Die Orangenscheibe halbieren oder vierteln und die Orangenstücke mit in den Becher geben.

LEBKUCHEN-BROWNIES

Für eine Springform von 24 x 24 cm

Für den Teig
60 g Zartbitterschokolade
125 g Butter
450 g Blumenkohl
125 g Schlagsahne
2 Eier (Größe L)
60 g Doppelrahm-Frischkäse
2 EL Sukrin melis
½ Fläschchen Bittermandel-Aroma
100 g gemahlene Mandelkerne
30 g gehackte Mandelkerne
60 g Kokosmehl
2 EL rohes Kakaopulver
10 g Weinstein-Backpulver
1 TL Lebkuchengewürz (alternativ Zimt)
Salz

Für den Guss
40 g Zartbitterschokolade
½ TL Kokosöl

Außerdem
evtl. Sukrin melis zum Bestäuben

1) Für den Teig Schokolade in Stücke brechen. Butter erhitzen, Schokolade darin schmelzen, etwas abkühlen lassen.

2) Den Blumenkohl waschen, zerteilen und in der Küchenmaschine zu feinen Krümeln zerkleinern. Sahne, Eier, Frischkäse, Sukrin melis und Bittermandel-Aroma zufügen, nochmals mixen, bis eine glatte Masse entstanden ist. Abgekühlte Butter-Schoko-Masse zugeben und ein weiteres Mal mixen.

3) Die trockenen Zutaten für den Teig mischen. Die Blumenkohlmischung zu den trockenen Zutaten geben und alles verrühren. Den Teig in eine mit Backpapier ausgelegte quadratische Springform (24 x 24 cm) füllen und im vorgeheizten Backofen bei 175 °C (Ober- und Unterhitze) 40–45 Minuten backen. Aus dem Ofen nehmen und auskühlen lassen, dann den Springformrand lösen.

4) Für den Guss Schokolade und Kokosöl über einem warmen Wasserbad vorsichtig schmelzen. Mit einem Löffel die geschmolzene Schokolade über den Kuchen sprenkeln. Fest werden lassen, evtl. mit Sukrin melis bestauben, in kleine Quadrate schneiden.

WÄRMENDER KAFFEE

AN KLIRREND KALTEN TAGEN ERWÄRMEN ZIMT UND
ORANGE IM HEISSGETRÄNK HERZ UND HÄNDE GLEI-
CHERMASSEN. DAFÜR LÄSST MAN JEDEN GEKAUFTEN
GLÜHWEIN STEHEN.

REGISTER

IMPRESSUM

Produktmanagement: Annemarie Heinel
Textredaktion: Dr. Sonja Vilei
Korrektur: Asta Machat
Layout und Satz: Silke Schüler
Umschlaggestaltung: *zeichenpool,
München, unter Verwendung eines
Fotos von Monika Schürle
Repro: LUDWIG:media, Zell am See
Herstellung: Barbara Uhlig
Text und Rezepte: Isabell Heßmann
Fotografie: Grossmann.Schuerle
Foodstyling: Lukas Grossmann

Printed in Slovenia by Florjancic

Unser komplettes Programm finden Sie unter

 www.christian-verlag.de

Alle Angaben dieses Werkes wurden von der
Autorin sorgfältig recherchiert und auf den
neuesten Stand gebracht sowie vom Verlag
geprüft. Für die Richtigkeit der Angaben kann
jedoch keine Haftung übernommen werden.

Bildnachweis:
Alle Bilder stammen von Grossmann.Schuer-
le, außer S. 11 Alexander Vejnovic, S. 12
shutterstock.com/Yuliya Gontar, S. 14 shut-
terstock.com/JulijaDmtrijeva, S. 20 shutter-
stock.com/Yulia Furman.

Die Deutsche Nationalbibliothek verzeichnet
diese Publikation in der Deutschen Natio-
nalbibliografie; detaillierte bibliografische
Daten sind im Internet über http://dnb.d-nb.de
abrufbar.

© 2017 Christian Verlag GmbH, München

ISBN 978-3-95961-088-9
Alle Rechte vorbehalten

**Sind Sie mit diesem Titel zufrieden?
Dann würden wir uns über Ihre
Weiterempfehlung freuen.**

Erzählen Sie es im Freundeskreis,
berichten Sie Ihrem Buchhändler
oder bewerten Sie bei Onlinekauf.
Und wenn Sie Kritik, Korrekturen,
Aktualisierungen haben, freuen
wir uns über Ihre Nachricht an
Christian Verlag, Postfach 40 02 09,
D-80702 München oder per E-Mail
an lektorat@verlagshaus.de

In gleicher Reihe erschienen ...

ISBN 978-3-86244-751-0

Mit der neuen Low-Carb-Methode voll durchstarten: Diese Diät macht Sie schlank und satt. Ohne Kohlenhydrate, dafür mit vielen köstlichen Rezepten.

ISBN 978-3-86244-952-1

So einfach ist gesunde Ernährung: Mit dem neuen Kochbuch zur Erfolgsdiät LCHF werden Sie schlank und glücklich. Genussvolles Kochen ohne Kohlenhydrate

CHRISTIAN

www.christian-verlag.de